The Way of the Superior Man

高级男人手册

像拥抱女人一样拥抱生活

[美] 大卫 · 戴达 David Deida/著
刘显蜀／译

北京联合出版公司
Beijing United Publishing Co.,Ltd.

图书在版编目（CIP）数据

高级男人手册：像拥抱女人一样拥抱生活 / (美)大卫·戴达著；刘显蜀译.
-- 北京：北京联合出版公司, 2018.1（2023.3重印）
ISBN 978-7-5596-0294-7
Ⅰ.①高… Ⅱ.①大… ②刘… Ⅲ.①男性—成功心理—通俗读物 Ⅳ.①B848.4-49
中国版本图书馆CIP数据核字(2017)第088056号

北京市版权局著作权合同登记号：图字 01-2017-2518号

高级男人手册：像拥抱女人一样拥抱生活
THE WAY OF THE SUPERIOR MAN

著　　者：[美]大卫·戴达
译　　者：刘显蜀
责任编辑：昝亚会　夏应鹏
封面设计：平　平
装帧设计：季　群

北京联合出版公司出版
（北京市西城区德外大街83号楼9层　100088）
北京联合天畅发行公司发行
小森印刷霸州有限公司印刷　新华书店经销
字数190千字　710毫米×1000毫米　1/16　13.75印张
2018年1月第1版　2023年3月第7次印刷
ISBN 978-7-5596-0294-7
定价：39.80元

中文版序

像拥抱女人一样
拥抱生活

鉴定一个男人是否高级，女人是最有发言权的。

毕竟女人是男人的最爱，也是他最大的挑战，如何应对来自女人的诱惑和挑战，一个男人的高下可以立判。

男人的生活中不能没有女人，但高级男人不会眼睛只盯着女人，没有别的追求。

男人的生命中有两件事情最为重要：一是女人，一是事业。

一个男人以什么样的态度去拥抱女人，就会用什么样的态度去拥抱生活，因为进入女人与进入生活的方式是一样的：都需要男人敞开心扉，付出真诚、激情、爱、勇气和耐心。

每个男人都是用抚摸女人肌肤的手，在抚摸生活。

当你的女人喋喋不休地抱怨，或者歇斯底里地怒吼，令你感到厌恶和可怕的时候，如果你采取的方式是敷衍了事，或者借故躲开，那么，你在面对工作上的困难和烦恼时，也会如法炮制。

高级男人会通过女人来磨砺自己的勇气、耐心和品性。他们既懂女人，又懂生活。当女人冲他们抱怨和歇斯底里的时候，他们不会逃避和退缩，也不会根据字面意思去理解她们抱怨的内容，他们知道女人有话不会直接说，总是喜欢通过旁敲侧击的方式泄露天机。所以，他们会把女人的抱怨当圣旨去聆听，虔诚而庄重，但不会当圣旨去执行，而是透过那些烦不胜烦的声音，进入她们内心的深处，让她们敞开心扉，像花儿一样绽放。同时，他们也能像热爱自己的女人一样去热爱生活，不管生活如何纷纷扰扰，如何欺骗他们、刺痛他们，他们都会英勇无畏，冲破一切阻碍，不屈不挠，在这个世界获得最真实的存在。

《高级男人手册》所说的高级男人不是指物质上的富有，或者地位上的显赫，而是指精神上的超越和行为上的高贵。一个腰缠万贯的人可能很卑劣，而一个身陷囹圄的人则可能很高贵。一个地位显赫的人可能是渣男，而一个过着平常生活的人则可能是真正意义上的高级男人。

高级男人不一定要做什么惊天动地的大事，但必须在普通的生活中表达自我的存在和真实的内心，从生活一个个转瞬即逝的片段中感受生命的壮阔。他们知道，如果不能从日常生活中获得一种领悟，并带着这种领悟高屋建瓴地去看待生活，那么，他们就会被困在生活的沟沟坎坎中，为鸡毛蒜皮的小事而生气，为泥泞的道路而焦虑。这样一来，他们的精神永远无法获得超然和笃定，气度永远不会变得高贵和坚韧，行为永远不会变得高雅和从容。

《高级男人手册》自出版以来，二十多个年头过去了。如今在美国，人们时常可以看见这样一幕：

当男孩变成男人时，一些父亲会送他们两件礼物：一件是枪，一件是

这本书。

枪，象征了男人的勇敢、阳刚和血性；而书则是一种精神上的提升。

通过这本书，父亲想让儿子明白：18 岁之前，你的自由和尊严是父亲在替你镇守；而 18 岁之后，你要自己独立去捍卫，这需要你变得勇敢。但是，真正的勇敢不是面对恐惧时莽撞行事，以致掉下悬崖，而是在恐惧的边界，慢慢前行，一点一点突破自己的界限，提升生命的层次。

当然，父亲在儿子 18 岁成年时送这本书，并不意味着它浅显易懂。实际上，该书的每一章、每一节，甚至每一句，都需要男人用一生的经历去解读。

在生命的历程中，无论是对待女人，还是生活，男人都必须竭尽全力，呈现真实的自我，释放内心最深层次的勇气、天分、激情、渴望和爱。当你用生命去爱你的女人和这个世界时，你的生命也将在爱中获得突破和超越，跃上更高的层次。这时，虽然你在生活之中，却已经活在了生活之上。

这就是通往高级男人的路！

contents
目录

Part 02

如何对待女人，可以看出一个男人是否高级

Part 03

高级男人既懂女人，也懂生活

Part 04

女人想要的，不是她说出来的

Part 05

男人的背面

Part 06

女人的背面

Part 07

唤醒身体，在爱中修行

Part 08

她自由了，你也自由

前言

在新版《高级男人手册》发行之际，出版商请我再写一篇前言。

我的写作初衷是为男性及其爱侣提供一本实用指南，与读者分享我在生活中获得的经验和教训，尤其是男人在应对来自女性、工作和情欲方面的挑战时，如何获得心灵的成长和升华。

多年以来，众多男人和女人读过这本书。他们的性取向大相径庭：异性恋的、同性恋的、单身的、已婚的。我确信本书讲述的内容对他们有切实可行的效用。今天，无论是性还是精神领域都有许多变化，变化之大令人眼花缭乱，以致颇感困惑。所以，本书的内容或许比之前更能启迪人心。

本书中的一个重要启示是：我们具有不断学习和发展的能力，在生活这所学校里，我们必须学会艺术地对待爱情和工作。

通过本书介绍的方法，我收获了爱情，掌握了性爱的技巧，还做了自己喜欢的事情，取得了丰厚的报酬。我能做到的，你也能做到。

在你目前的欲望得到满足、目标实现之后，你就会获得真正的成长，并且能够敞开心扉迎接人生的下一个篇章。

长大以后，你孩提时代钟爱的事物不再具有吸引力。现在你对某个事物正感兴趣，但你的注意力迟早会转移。这种改变是自然的，也是有益的。改变，意味着突破和超越。我们天生就在不断地改变着兴趣和欲望——包括对金钱、性和亲密关系的兴趣和欲望，体验并升华各种兴趣和欲望。

《高级男人手册》给读者及其伴侣讲述了人生的某个阶段必须掌握的知识，以便抵达生活的下一站。抵达新站点之后，思想像感觉一样通透，身体像光线一样轻盈。学了本书的内容后，人们将获得真正的成长。不过，我们得按顺序来，先讲最重要的问题——全身心地投入生活；知晓内心深藏的目标；发挥你拥有的天赋；享受性爱，它是通往妙不可言的爱情殿堂的入口；为朋友效力，帮助朋友成长。

生活中交织着令人激动的成功和令人痛苦的绝望，这都是我们必然要经历的。当你掌握了相应的方法，懂得了如何应对来自女性、工作和情欲的种种挑战之后，你就可以放下一切，甚至忘掉自己的存在。

最终，高级男人的方式会使一切被感受过和经历过的事情都成为过去——别人曾这样告诉过我，现在我也要提前告诉你。

好吧，就从你的亲身感受开始吧。我就是这样开始的。我的老师和生活让我逐渐明白一个道理：作为男人，我的人生之路充满了无穷无尽的可能——这就是本书各章的内容。随着你阅历的增长，你将踏上自己特有的人生之路，所有经历和体验都将超出预想。

这就是我为新版前言写的小结：不要等待，感受一切，刻骨铭心地爱，当给予时且给予，当放弃时且放弃。

当你觉得有一种力量在驱使时，就周而复始地做，反复做。

人生之路冥冥渺渺，不可尽言，却广阔无垠。

男人的方式

part

1

要知道，生活不是等待困难过去，
而是要学会在困难中负重前行。
真正的男子汉，
不会指望事情更容易，
只会指望自己更强大。

不要指望事情更容易，只能指望自己更强大

在男人的生命中有两件事情最为重要：一是女人，一是工作（或事业）。

对于女人，男人常常会做出误判，认为："总有一天她能懂事一些，成熟起来，不再抱怨。"

对于工作，大多数男人都相信自己总有一天能够如愿以偿，认为："现在时机和条件都不成熟，总有一天我会放下手中这份不得已的工作，去做自己想做的事。"

事实并非如此。

指望事情最终会自动发生重大转变是不现实的，因为它们并不会如你所愿。只要生活还在继续，我们就要迎接它的挑战，而不是等待。等待使一切原地踏步，行动才会带来改变。与其逃避、退缩、在幻想中一天天拖延，不如充分施展自己的才华，一路向前。

对于女人，男人千万不要心存幻想，认为自己什么都不用做，只需要等待，随着时光的流逝，女人将不再抱怨。其实，这只是男人的一厢情愿。高级男人不会消极等待，也不会主动去改变女人，因为他知道这一切都是徒劳。他会接纳女人现在的样子，一直到永远。如果你确实无法忍受她的举止和情绪，那么你可以选择离开她，不再回头；如果她只是令你感到不快和烦恼，那你就要做好她永远都会是这个样子的心理准备。在男人眼里，女人永远都是爱抱怨、不消停的。

如果你想改变自己的女人，让她不再______（此处由你填空），你要放松下来，轻抚她，让她感受到你的爱，告诉她，当她……的时候（省略号为你之前填写的内容），你爱死她了。你可以拥抱她，也可以对抗她，最不济对她大喊大叫也行，但不要试图让她改掉你所讨厌的毛病。你要向妻子表达爱意，但不要指望她身上恼人的地方消失不见。女人永远不会让你消停。她们总爱没完没了地看没头没脑的情感电视剧，那么你努力发现其中的幽默就好了。你展现出的爱意可能促使她改变自己，但是你试图改变她的努力必将遭遇失败，那深深的挫败感会让你挥之不去。

对于工作和事业，男人也不要指望什么事情都会一帆风顺。人生有太多的无奈、太多的感慨。面对强大的现实，痛苦和烦恼会接踵而至，源源不断，所以，不要天真地幻想着它们可以自行消失，从而放纵灵魂在得过且过的安逸中等待。要谨记：“痛苦和烦恼不会从生活中消失，只能消失在生活里。”

人生最大的失败是不开始。很多男人确实是在苦苦追求功成名就，然而总是停留在口头上：等我积蓄了更多金钱做资本，我一定去努力创业；等我结了婚，一定努力工作挣钱养家；等孩子长大成人，我一定去实现自己的夙愿……然而现实很骨感，这些人仿佛永远只是人生的旁观者，他们有着太多的借口阻挡自己追逐梦想的脚步。

梦想不可储存，成功不可期待，别为不行动找借口，而是要寻找开始行动的理由。从现在开始，每天至少用一个小时来完成你计划中的一部分。不要被“总有一天一切都会变好”这种谎言欺骗。要做那些你想做的事，做那些应该做却一直被你搁置的事，做你今生必须做的事，就是现在。这些事你现在不做，也就一辈子不会做了。等待，只会让机遇稍纵即逝；拖延，只会让成功失之交臂。

也许现在的你的确很忙，也很累，但每天抽出一个小时应该还是可以的吧，那就用这一个小时去做你真正想做、内心认为非做不可的事情。如果你做不到，说明你只不过是个善于憧憬未来的幻想家而已。虽然日常生活常常让人有力不从心之感，但作为男人，就要勇敢面对，要用自己的原则去选择属于自己的生活，对人生所必须解决的事情，要立刻下手、雷厉风行。避免拖延最有力的武器就是行动起来。大部分拖延都是因为缺乏自律以及变通精神。拖延造成的无用感和空虚感，最终会摧毁一个人的意志。

如果一个男人决心去实现自己的愿望，囊中羞涩和家庭负担永远都无法阻挡他前行的步伐，而一个不思进取的男人则会轻易找到借口，裹足不前。对于男人来说，最可悲的莫过于胸怀大志却虚度光阴；渴望人生如意却故步自封；对自己不够满意，但又自我安慰今天好好玩明天再努力。

其实，如果你迈出了为实现愿望而努力的第一步——今天你挤出至少一个小时来做自己早就想做的那件事，夜深人静时，你就会发现自己是那样充实、兴奋、愉悦和富有创造力，这是你之前生命里未曾有过的体验，而一切并没有你想象的那么困难。

总之，面对女人和工作带来的挑战，你除了开动引擎，立刻行动，别无选择。只有行动才能帮助你解决问题，达到目标，而等待只能让你原本明确的目标越发模糊。作为男人，你不能总是感叹：想干的事太多，能干的事太少，必须干的事又太苦、太难。其实这个世界并没有我们想象的那么复杂，而高级男人也从来不等待，他们不会为金钱、安全感、舒适感或女人而等待。知道自己想要做什么，并永远保持一种自动自发的工作态度，正是他们最突出的行为表现。想一想，你最想给予你的女人或这个世界的是什么，并且立刻付诸行动。**要知道，生活不是等待困难过去，而是要学会在困难中负重前行。真正的男子汉，不会指望事情更容易，只会指望自己更强大。**

受伤之后一蹶不振
不是男人该有的样子

> 高级男人，即便身受巨大痛楚和伤害，也不会影响他独立思考和行动的能力。如果形势需要，男人必须带伤前行，而不是就此把自己封闭起来。
>
> 男人要接纳痛苦，总结经验，为以后培养更多的能力，包括爱的能力。

哪个人背后没有一段心酸史，哪个人背后没有许多无法言说的痛苦。高级男人，即便身经百战，遍体鳞伤，也不会影响他独立思考和行动的能力。他会总结失败的原因，吸取教训，蓄意待发地瞄准下一个时机，带伤前行。

作为男人，如果工作遭受重挫、投资严重失利、谎言被配偶戳穿，或者无意中听到配偶对别人吐槽你的床上功夫时……你是否身体发抖、呼吸紧促、眼睛低垂发直，只想赶快找个不为人知的地方躲避起来，同时伴随着强烈的紧张、自卑、羞愧和愤怒等情绪？这是大多数男人受挫后的生理和心理反应。

留心一下，你在遭受打击和伤害时，是否退缩了、回避了，或者把自己封闭起来？

回想一下，在这样的时刻，你是否感觉无法直视别人的眼睛，或者心口发紧？

受伤后退缩，是一种本能的自卫反应，但是向内收缩和自我封闭并不能解决问题，还会让你感受到压力，无法自由思考和行动。

其实生活中成功与失败、幸运与不幸总是交织在一起的，但高级男人在受伤之后不会封闭自己，而是会采取打开自己的方式，坦然接受挫折和伤痛。他们会挺起胸膛，振奋精神，坐如钟，站如松，让胸口不再紧缩，把身体的前部打开；他们会让身体完全处于放松状态，深呼吸，直视对方的眼睛，感受自己的痛苦，也感受对方的存在。只有当你的身体放松了、打开了，呼吸均匀了，消除了目光中的警戒和恐惧，并与对方进行目光交流之后，你才能驱散伤害所带来的阴影，释放出心中的智慧，目光如炬，继续前行。

为了证明自己是一个高级男人、一个勇者，你必须调动身体的全部来感受整个形势。如果你把自己封闭起来，就无法察觉到细微的线索和信号，也就不能掌控局面，只会陷入越来越深的紧张、焦虑、沮丧、愤怒和恐惧之中。

拼爹，就当你没爹

> 父亲是儿子成长中最好的导师，他教会了儿子怎样做人、怎样处事。但长大成人后，儿子必须摆脱父亲的影响，才能开拓出属于自己的人生路。

一个男人不能总是躲在父亲的羽翼下，纵使这个父亲能量巨大，甚至可以翻手为云覆手为雨，他也不能保护你一辈子。所以，无论你的爹是有背景，还是仅仅只有背影，你都要明白爹是爹、你是你。无论你的爹如何爱你，他也无法包办你的成长，代替你去承受生活中的风雨，成长始终是你自己的事情。你应该从你爹身上感受男子汉的气概，学习他的精神和智慧，而不是仰仗他的财力和权势。

事实上，男人只有彻底摆脱父亲的影响，才能破茧而出，蜕变成真正的高级男人。从小到大，父亲巨大的羽翼在庇护你的同时，也在你心中投下了巨大的阴影。他会随时随地出现在你的生活中，对你指手画脚，你必须遵从、取悦于他。时间长了，就会形成惰性思维，除了按照父亲的旨意行事，你根本不知道如何处理问题，更别提独当一面了。于是你遇事缩手缩脚，难有作为。当然，如果你很有血性，也很叛逆，当你感受到父亲像山一样的压力时，你可能会故意与父亲作对，他让你往东，你偏要往西。你这样做其实无非是想证明他错、你对，但支配你的行为的依然是你的父亲。

拼爹的男人不管外表多么光鲜，牛得多么令人羡慕，都不是高级男人，毕竟他们还被笼罩在父亲的阴影之下，没活出真正的自己。一位朋友曾对我说，拼爹不是男人的作风，男人应该拼自己。每当他有拼爹的想法时，他都会假设自己的爹已经不在人世了，自己孤身一人，无依无靠。这时，他可能感到孤独、恐惧，甚至绝望，恰恰是在这个时候，他开始了真正意义上的成长。

也有不少人告诉我，虽然他们对父亲充满敬畏和挚爱，但父亲一旦离开，悲痛欲绝的同时，他们竟然还会感受到一丝释然。为此他们自责不已，认为自己冷漠无情、不孝至极。其实不然，这仅仅是因为长期以来父亲给他们带来的压力太大了，父亲的离开，让他们在潜意识里产生出这样的想法：终于不用按照父亲的要求和愿望去生活了，终于不用再忍受父亲的威压甚至责骂了，终于可以按照自己内心的愿望去生活了。

作为男人，你当然应该爱自己的父亲，但是也应该时时反省，如果不是为了取悦父亲，你的生活会是今天这个样子吗？如果不是为了向父亲证明自己，如果不是为了避免承受父亲的呵斥和指责，你会是现在这样的你吗？青春，原本是热血拼搏、永不服输的岁月，年轻就是冲锋陷阵的资本。然而，就因为有个有能耐的爹，你早早就对生活缴械投降，躺在父辈的羽翼下睡大觉，这样的人生未免太苍白了。

男人要尊重自己的父亲，但是为了主宰自己的生活，他必须摆脱父亲的阴影。在接下来的三天，每天至少做一件之前父亲不让你做或你不敢做的事情。通过这种方法来锻炼自己，以摆脱来自父亲的期待的束缚，减少他对你的生活所产生的影响。即使这样做时你仍然感到拘谨、惶恐、放不开，也要强迫自己坚持、坚持、再坚持。男人就应该敢闯、敢想、敢为、敢拼搏。你想成为什么样的人，想过什么样的生活，完全取决于你自己，而不是你的父亲。前行的路上，纵然有迷茫，有软弱，有泪水，有欢乐，有努力，有成功，有倔强，有不服输……无论如何，那都是你的人生，证明你没有白活。

所谓极限，
就是恐惧把你逼停的地方

> 一个男人能够承认自己的恐惧、退缩和能力的极限，是令人敬佩的。
> 每个人都有自己的局限和力所不及的边界。承认这一点，恰恰证明你很勇敢，也很真实；不能正视这一点，掩耳盗铃、自欺欺人，则说明你很怯懦，也不够真实。
> 当然，你也不要自轻自贱，埋没自己真实的才华和能力。作为男人，你有多大的能力并不重要，重要的是你要活得真实。假装出来的强大和妄自菲薄的低调都是对自己的不忠诚。一个男人越向别人展示自己真实的一面，越能获得别人的认同，觉得他真实可靠，并由此获得更多的信任和存在感。
> 忠诚于自己，全力以赴，你将抛弃懒惰和虚荣，抵达生命的核心。

请回顾一下，恐惧在多大程度上影响了你的生活和工作，比如，你的爱情、你的婚姻、你的事业、你的家庭，或者你的精神世界。如果你正在为生计而从事某种工作，你可以想一想自己是不是在很多方面都心怀恐惧，例如，你是不是害怕别人在工作中超过你，你是不是害怕被老板炒鱿鱼，你是不是不敢大胆提出自己的建议，害怕被别人取笑……这些恐惧或多或少都会阻碍你做出更大的贡献，获得更高的收入，或者以一种更具有创造性和你更喜欢的方式获得收入。设想一下，如果你毫无后顾之忧，你还会采用现在的方式谋生吗？

如果你不能继续前进或充分展现自己的天赋，而是向恐惧妥协了，那么这就是你的极限。

所谓极限，就是恐惧把你逼停的地方。在这个地方，你的脚步戛然而止，你的天赋开始枯竭，你的懒惰让你安于现状，不思进取。

诚实地问一问自己：你是否清楚是什么样的恐惧阻碍你获得更高的收入，以及塑造了你现在的生活方式？如果你不诚实、认为自己是无所畏惧的，那你就是在撒谎。所有的人都会恐惧，不恐惧的人只有两种：脑子有问题的莽夫和完全自由的圣人。如果你不承认这一点，就是在装。即便你假装不恐惧，你的朋友也会看出来，他们将不再信任你。你以假面目示人，别人也会自觉或不自觉地以假面目欺骗你。

或许，你对自己的恐惧有着非常清楚的认识：你不敢冒险，害怕失败，也害怕成功；或者你安于现状，害怕生活方式的改变会带来事业上的变化，即使新的事业与你生命的真正目标更加接近；或者你害怕的仅仅是害怕所带来的感受，因而不敢全力以赴去实现真实的自己……正是由于这些恐惧，你才选择能够轻松搞定的工作，不愿充分释放自己的潜能。尽管你的生活相对安定舒适，却像死水一般波澜不惊。你缺乏活力和深度，也缺乏愿意开发自我潜能的人身上那种振奋人心的力量。如果你是这种退缩不前的人，尽管你可能工作很努力，但还没有触及你真正的能力，其他人也就无法相信你能够帮助他们充分释放他们的潜能。

让我们做这样一个实验吧：大声说出阻碍你事业的局限和瓶颈。比如说："我知道我可以赚更多的钱，但是我太懒了，不愿意为此多工作几个小时；我知道我能发挥更大的潜能，但是我害怕失败，并因此一文不名；虽然我知道我一生中大部分时间都用在了我并非真正喜欢的事情上，但是我用了十五年时间才把事业做成现在的样子，我害怕失去一切从头开始；我知道自己能通过更具有创造力的方式挣到钱，但是我把时间都花在了看电视上，而不是去实现自己的创意。"

承认自己的恐惧，不自欺也不欺人，不隐藏也不躲避。如果有两个心怀恐惧的人，其中一个能承认自己的恐惧，而另一个假装浑然不觉、无所畏惧，那么前者更值得你信任。同样，如果一个人能正视恐惧并充分释放自己的潜能，而另一个则躲在自己的舒适区内畏缩不前，不愿面对恐惧，那么前者获得的进步比后者大得多，也会对别人产生更大的鼓舞。

在生活中，面对恐惧，高级男人不会莽撞行事，逞强使能，而是会变得勇敢。勇敢，不是无所畏惧，而是面对恐惧也能坦然行动，克服畏缩心理，大步走向未知的未来。

你在生活之中，要活在生活之上

> 不管男人多么忙碌，他都需要有归属感。没有归属感，男人的忙碌也就变成了迷失、漂泊和孤独。虽然他竭力想抓住什么，但抓住的一切都是过眼云烟；虽然他努力想改变生活，却只能匍匐在生活之中，不能活在生活之上。
>
> 缺乏归属感，是因为你没有充分展现自己的本色，没有完全呈现内心，你与外界的联系是肤浅的、脆弱的、浮躁的。你不能深深地抓住这个世界，这个世界也就轻轻松松地抛弃了你。一个在外闯荡的男人只有呈现本色，才能与这个世界建立起深刻的联系。唯有如此，他才能感到踏实、笃定，也才能活得真实、自由。

在生命的历程中，你要始终保持自己的本色，按照内心的指引过自己想过的生活。除此之外，一切都是次要的。你的工作、生活、事业、人际关系、婚姻、艺术创作以及种种兴趣爱好，如果不是建立在自己的本色的基础上，一切都是肤浅的、混乱的、虚无的。成长的过程，其实就是你的本色逐渐展现的过程。你可以从做过的每一件事、说过的每一句话中注意到你的本色。如果每天你都能花点时间观察自己，留心自己的经历、想法、情绪和好恶……你或多或少就能觉察到自己的本色。

本色是与生俱来的东西，也是你生命乐章中的基本旋律。尽可能深入地感受它、认识它、领悟它，然后重新审视自己的工作、事业、伴侣关系、家庭和艺术创作。包括赚钱方面，你也要以此为出发点。围绕本色生活，看一看生活的细节方面发生了什么变化。

你要采用一些方法来让自己放松地接近本色，并自此汲取创造的灵感和无穷的力量。读有助于你认清自己的书；和能够给你灵感、为你揭示本色的人在一起；每日进行自我观察、沉思或祈祷，沉浸在自己的本色世界中。

如果你和大部分人一样，每天只关注日常的生活和工作，时间一天天、一年年地过去，你的注意力被生活中那些似乎必须承担的种种责任占据，生命就这样从指缝间溜走，那么，你的生活无疑是肤浅的。有意义的生活不一定要做什么惊天动地的大事，而是要在普通的生活中表达自我的存在和真实的内心，从生活一个个转瞬即逝的片段中感受生命的壮阔。深情地活着，但并不为情所累，而是要从中超越出来，去感受爱的神秘、神奇和伟大。如果你不能从日常生活中获得一种领悟，并带着这种领悟高屋建瓴地去看待生活，那么，不管你做什么，你都是生活在生活之中，而不是生活之上。

活出本色，将日常生活建立在对本色的领悟之上，你与这个世界的联系就是深刻的、无人可以替代的。你不会觉得自己仅仅是一位匆匆过客，反而会有深深的归属感，这样一来，虽然你在生活之中，但已经活在生活之上了。当然，虽然你也会感到烦恼、恐惧和痛苦，但你已经可以站在它们之上，超越它们，再也不会陷入其中了。相反，如果你把外在的生活和工作放在首位，忽视了内在的本色，以及对生命本质的体验与领悟，你将一生庸庸碌碌，始终无法实现人生的超越。

只有参透了生命的本真，你才能领悟琐碎事务的本质，在生活中得心应手。即便是生活中那些细小琐碎的事情，比如看电视或打扫厨房，你也要沉下心来感受真实的自己。生活中的一个个场景转瞬即逝，而对其本质的认知则是广阔无垠的。在你领悟了生命的本质之后，生命中的每一瞬间都是那么明晰、完整和充满意义。无论发生什么事情，无论外界形势怎么变化，你都不会变，你还是你。

男人要听女人的话，但必须自己做决定

男人可以低调，可以谦让，可以温和，但绝对不能没有主见。

没有主见的男人是最让女人看不起的，关键时刻，他们不值得女人去信任和信赖，更无法挺起胸膛给女人以庇护和依靠。

即使男人想要取悦自己的女人，也不能违心地放弃主见。如果男人采纳了女人的建议，想要改变自己的想法，那么他也应该在听取女人意见的基础上做一个新的决定，但绝对不能为了取悦对方，或者为了与她“友好相处”，而违背自己的想法和直觉。如果他那样做了，对双方都没有好处，彼此会开始互相厌恶。过多的委曲求全会给爱增加负担，也会影响男人独立思考和自由行动的能力。

女人喜欢男人温柔、体贴、听话，但又讨厌男人没有主见。所以，作为高级男人，你要听女人的话，但必须自己做决定。听女人的话，表明你很关心她、很珍惜她、很爱她；自己做决定，则能体现你是一

个很有主见、很有见识的男人，一个能给她带来安全感、值得她信任和依靠的男人。如果女人提出了一个建议，你内心认为另一个决定更明智，但你还是选择采纳她的建议，那么你无异于在表示："我对自己的判断力没有信心。"你这样做会弱化自己，也会弱化对方对你的信任：如果你都不相信自己的智慧，为什么她要信任你呢?

一个被女人牵着鼻子走的男人是可悲而又可怜的。

一个认为只要对女人服帖顺从便能博取她们欢心的男人是无知而又浅薄的。

当你否定内心真实自我来取悦女人时，所有的人都能感受到你缺乏自信、主见和权威。尽管你笑容满面，但是别人能感受到你内心的挣扎。你的朋友、子女和同事虽然爱你，但他们不会信任你，因为你自己都不信任自己的内心想法；他们甚至也不会尊重你，因为你的顺从使你失去了男子汉的气概，很难对别人产生感染力与感召力。更重要的是，你对自己缺乏主见和权威的认同将影响你行动的条理性，因为你的行为和内心感受之间存在不一致，你的"知"和"行"没有合一。

然而，如果你一方面倾听并考虑对方的意见，另一方面在采纳她的意见的基础上，按照自己的想法深思熟虑后做出最佳决定，那么你依然是按照内心的想法在行动。你相当于在表示："虽然我听了她的话，但决定是自己做出的。如果结果证明我是正确的，我会更加相信自己，以及自己的判断力。"你的自信会让别人对你产生信任和尊敬，更会强化你的自我担当意识，树立权威。即便结果证明你错了，也没什么可后悔的。你要承担自己做决定的责任，而不是埋怨和责怪他人，或者为自己找其他借口。吃一堑，长一智，你可以从失败中吸取教训，思考自己错在哪里，并从这段经历中获益，增长智慧，使自己越来越成熟睿智。

但是，如果你违心地采纳对方的决定，亦步亦趋，如果她错了，那你会责怪她；如果她是对的，你会感受到你不如她的挫败感，在她面前越来越自卑。由于你放弃了按照自己内心想法行动的机会，以及从错误中成长的可能，无形之中你的力量被削弱了，你对她更加依赖、服从，你的自我也就慢慢枯萎、消失。毋庸置疑，你对女人的唯唯诺诺、言听计从使你无法展示你的能力、你的才华、你的智慧，更无法让你成为一个顶天立地的男人。

总之，你要根据伴侣的暗示——包括语言和身体语言——调整自己的感受，然后按照自己内心的直觉、智慧、知识和见地来做决定。你做的决定可能是正确的，也可能是错误的。无论是哪种情况，对你都是有好处的，你以后会有更强的行动力。

男人的格局
不要限在一个“情”字里

> 每个男人都知道，他生命中的最高目标不会被任何一段感情束缚。
> 男人要重感情，但绝对不能感情用事，为情所困。
> 如果男人将感情置于他的最高目标之上，他就会变得软弱、儿女情长，无法肩负起来到世上的使命，也欺骗了自己的伴侣，让她误认为这个男人能全心全意为她存在。

如果让你从完美的亲密关系和实现人生最高目标这二者中选其一，你应该选择后者。你要承认这一点。意识到了这一点，男人在爱江山还是爱美人这个问题上才不会纠结，当你把事业放在首位时，才不至于对伴侣感到愧疚，觉得自己轻视了她、怠慢了她、忽视了她。感情对于男人来说很重要，但如果一个男人只是儿女情长，不愿意也不敢去追求自己的事业，那么他所爱的女人就会觉得他没出息。男人要爱自己的女人，但更要爱自己的事业。男人的格局不能局限在一个

"情"字里。

每个男人来到世上都有自己的使命，你的使命就是你最重要的事情。只有清楚自己的使命，并围绕实现这个使命来生活，你在内心深处才不会感觉空虚，否则，你在这个世界上的存在感就会减弱，你的格局就会很小，你在伴侣心中的分量也会降低。

爱情和婚姻是男人的港湾，在这里，男人感受到爱，也学会了爱，现在该是他带着充沛的精神和燃烧的激情，去追逐自己使命的时候了。不管是爱情还是婚姻，都应该是你追求使命的动力，而不是束缚。所以，不要牺牲自己的使命，向伴侣"屈服"，用自己的内心目标来换取满足她的陪伴要求。告诉她，你爱她如命，但事业是男人的魂，如果你违背内心的声音，不去追求自己的事业，你就是一具死魂灵。你可以陪她三十分钟（或另一段特定时间），在这段时间里，你要全心全意地陪她，但你之后要回到自己的事业和使命上，继续完成它。

一天里，只要你能满怀爱意、心无旁骛地陪她三十分钟，就强过心不在焉地陪在她身边几个小时。与伴侣在一起，这应该是你最愿意做的事。如果你在陪她之时还想做其他事情，她就会有所察觉，你们两人都不会觉得满足。同时，你也别忘了，你的女人是你追求使命最坚强的后盾，如果你想实现人生抱负，就不能后院起火，你应该真心实意地爱你的女人，爱你的孩子，爱你们的家。

在恐惧的边界，你要慢行

> 无论何时，如果一个男人能稍稍突破他能力的极限和恐惧的边界，就会获得最大的成长。他不能过于懒惰，只满足于躲在自己的舒适区内；也不能过于逞强，急于求成，给自己施加不堪承受的压力。这两种方法都不能让人获益。
> 只要稍微突破自己恐惧和不安的界限就好。要经常这样做，无论面对的是什么事。

如果你对自己的局限性有了清醒的认识，你最好能稍微突破一下自己的局限性。很少有男人有勇气这样做。大部分人要么安于舒适的现状，要么眼高手低，做出超越自己能力的选择。如果你缺乏安全感，可能会走向两个极端：一个极端是怀疑自己的能力，并选择容易的道路，根本没有接近自己的极限或真正的天赋；另一个极端是在恐惧不安中逞强使能，想通过外面的成功来让自己的内心感到安全和踏实。

以上两种做法都是在逃避现实（这现实往往是恐惧）。如果你急于逃避恐惧并给自己施加了过多压力，你就失去了独立思考的能力，无法轻松进入自由行动的状态。

你的恐惧能够展现出真正的你。你应该知道这一点。你应该经常让自己感受这一点。你要和自己的恐惧成为朋友，消除对恐惧的不适感。恐惧是最好的礼物，它能够提示你已经接近自己的极限。接受恐惧，接近极限，才能引发真正的转变。在很大程度上，你的人生格局都是由恐惧来界定的。如果你已经行走在了恐惧的边界，这时，你一定要慢慢前行，既不要懒惰、害怕、畏缩不前，也不要逞强使能，慌慌张张疾步快走，以致掉下悬崖。你要发挥自己的全部潜能，更准确地认清当下。你乐于接受现实，而不是逃避或者强行超越现状，为自己制定不切实际的目标。唯有如此，你才能突破自己，获得成长。

出于对恐惧本身的恐惧，你可能退缩不前，不能施展全部潜能，无法得到与自己能力相匹配的生活。当然，恐惧也有可能驱使你蛮干，让你过着自己不想要的生活：你偏离了自己的真正目标，不能放松下来并感受当下。感受当下的能力，包括感受恐惧而不逃避，能够让人充满活力、保持谦逊和积极进取的状态。活在当下，既不退却也不逞强，做好了迎接生活中所有未知的准备。这是一个刚刚好的状态。

如果稍微突破自己的恐惧，你就能超越自己的局限性，而无须逃避恐惧自身。你不再依恋安全感，你头脑清醒，感情强烈，准备好迎接一切未知。强烈的自我存在感像一股重力，牵引你最终到达永恒的家园：在这里，恐惧不复存在。这里是你永恒的归宿。

接纳恐惧，并且超越恐惧。从生活中的任何一件事情开始，从现在开始。

像拥抱女人一样拥抱生活

> 男人应以爱女人的方式来爱这个世界，不仅是出于自我的快乐和利益，也是为了获得更多的爱、包容，以及生命的深度。

当你充满激情地拥抱自己的女人时，请你感受一下自己的终极渴望——你生命中最深的渴望。在生活中，无论做什么事情，你都要探究做这件事情背后的深层原因和动力，及其意义，包括为什么要结婚，为什么要选择她作为你的伴侣。这里面可能有很多次要的原因，但你要去叩问最根本的原因是什么。

男人做任何事情的终极目的与发现事物最根本的真相有关，他们想要充分施展自己的天赋，感受绝对的爱与自由。

由于很多男人不愿意完全施展自己的天赋，所以获得的自由和爱是有限度的。比如，他们买了一辆自己中意的轿车，与伴侣共享了一次和谐的性生活，或者是在周末睡了个奢侈的懒觉……这些自由是生命的馈赠，会让他们心旷神怡、精神抖擞，但所带来的满足感并不会维持太久。又比如，很多时候，他们会慷慨付出，体贴地为心爱的女人买下价值不菲的钻戒，在百忙之中担任一支业余球队的教练……这些付出会让他们感到愉悦，也让他们的生命有了意义，但对许多男人来说，这还不够。因为他们获得的自由和爱，以及施展天赋的方式总是让自己感到不够完整，还缺少什么，留有遗憾。他们想要再前进一步，摆脱那种难以名状的隐隐的束缚感、孤独感、紧张感和恐惧感，充分释放自己并享受生命的全部。问题是，很多男人无论怎样努力，仍然会感觉到自己的天分没有得到充分的释放，他们的生活，包括性生活，都不是自己真正想要的样子。

当男人真正爱上一个女人时，他会冲破一切阻碍，让她像花儿一样绽放，并享受到无穷的爱。男人对待世界的方式也是如此。男人需要呈现真实的自我，坚持不懈，完全释放内心的勇气、激情和渴望，才能让女人或者世界绽放。男人必须深切认识到这一点，并且愿意充分展示自己的天赋。他必须毫无保留。无论性还是生活，他都要竭尽全力，展现出自己真正的潜能，实现更多的爱。但，这样做的男人并不多。

在性事中，许多男人草草应付，无论是身体的高潮还是情感的纽带，他们都不能为对方提供足够的欢愉。在欢爱的过程中，他们心猿意马，或许还惦记着第二天的工作安排，无法将全部的潜能、天赋和激情注入爱河中。同样，在生活中，许多男人也不肯付出最大努力，让这个世界因自己而充分绽放。他们满足于获取不高的收入和给世界带来小小的改观，只要自己的生活不是一无是处就好。

当然，也有男人愿意竭尽所能去对待自己的女人和这个世界，向其展现最深层次的真实、爱、激情和包容，但能够这样做的男人并不多。在爱情和生活中，很少有男人愿意献出他们真正的、埋藏最深的天赋，以及他们自身最美好的一面。大部分男人不够果断，这让他们显得很软弱。还有一部分男人因为恐惧而抑制着自己的真实渴望。于是，他们心不在焉地对待自己的女人和这个世界，只想得到一点儿愉悦感，只要能够稍微减轻不真实和不完美带给他们的烦恼就好。

如果你愿意发掘和接纳真实的自我，突破自己恐惧的边界并全力以赴，你就能发自内心地让你的女人以及这个世界充分绽放，感受到无尽的爱。你对她的强烈的爱会让她充分接纳你，你的心灵由此感到无比满足。如果你对生活也充满同样的爱，生活也会向你敞开并接纳你。

进入生活与进入女人的方式是一样的，并没有本质的不同，都需要你敏感、真诚、主动，从而穿透表面的纷扰，让爱绽放。

女人和生活都是难以捉摸的，似乎总在拒绝接纳你的天赋，并考验你的耐力。如果你放松下来，悉心对待，就会发现女人和生活都能感受到你的诚意、你的率真和你坚定不移的爱，并且温柔地回应你。她们会完全敞开并接纳你的爱，但是随后又会继续抗拒和考验你。正是因为女人和生活都不可捉摸，你才更不能敷衍了事。如果你敷衍自己的女人，她可能会给你一些“脸色”；如果你敷衍生活，生活则可能欺骗你、教训你，让你吃尽苦头。

面对女人和生活，你若想释放自己真正的天赋和内心的力量，最有效的方法就是，用你最强烈的爱去拥抱，无论对方怎样抱怨你、刺疼你，甚至伤害你，你都要敞开心扉，奋力去爱，即使对方是带刺的玫瑰，或者羽翼下藏着刀，你也要有勇气去拥抱。唯有如此，你才能在抗拒和接纳的过程中铸就真正的自己。

用来自你内心深处的自由力量全力以赴地去爱吧，直到你的身体和灵魂在必然的快乐与痛苦、吸引与抗拒、得到与失去的交织中幸福地平息下来。这时你所有的天赋都得以释放，你获得最彻底的存在感。随着你进入女人和生活，你将感受到绝对的真诚、自由和爱，触摸到生命的本质，深入少有人深入的深度。

如果你不打算放弃女人或生活，你最好坚持到底，用你真实的内在打动对方，用你的顽强和执着令对方充分绽放。如果你束手束脚，只想满足自己的私欲，对方会认为你缺乏真诚、缺乏深度，没有敞开内心，展露出自己真实的一面。若对方没能从这场爱的盛宴中获得满足，就会不停地给你找麻烦，让你疲于应对无穷无尽的烦恼。如此一来，你在感情和生活中就会狼狈不堪、寻找解脱。

如果你不想离群索居，将女人和整个世界拒之门外，你就不要畏手畏脚、半推半就、羞羞答答、有所保留，你必须全力以赴，毫无保留地付出爱。即使这样做很困难，你也要坚持，因为这是你成为高级男人唯一的路。

朋友的话即使尖锐得像匕首，你也要听

> 男人的力量可以体现在他接受批评的能力上。童年时，如果一个男孩与父亲的关系不太好，经常被父亲呵斥和教训，那么长大之后，在接受其他男人的批评时，他就会表现得像个女人，比如，感到自尊心受到了伤害，或者采取愤怒的对抗方式。
>
> 男人应该勇敢地接受批评，让自己变得更好。

除了找一个好女人，你还需要交几个好朋友。

朋友除了能够给你带来快乐，在关键时刻帮助你、提携你，还能及时提醒你、批评你。

作为男人，隔段时间，比如差不多一周，你就应该和自己的铁哥们儿聚一聚，坐上一阵子，聊聊彼此的工作和情感，大家都在做什么，还有怕做什么。你们的交流虽然简短明了，有时候也许只有三言两语，但朋友可以敏锐地觉察到你所面临的问题，准确地找到症结，然后为你提供一个行为学实验——它简单易行，而且能向你揭示一些

道理，或者给你的生活带来更多的自由。

比如，如果你跟朋友吐槽：“我想和丹妮丝玩玩暧昧，但又害怕会被老婆发现，我不想伤害我老婆。”

“你总把丹妮丝挂在嘴边，已经嚷嚷半年啦。你可真能浪费生命！你要么明天晚上就把她搞上床，要么就永远别再提这事。”你的朋友可能这么怼你，因为他对你有贼心没贼胆的情况一目了然。

“好吧，我不会那么傻啦。我可不想为了她毁了自己的婚姻。我对丹妮丝的欲望没有我的婚姻重要。我会放下这个念头，毕竟还有更重要的事要做。谢谢你，哥们儿。”

当你冲动的时候，你的铁哥们儿会以一种戏谑的方式，或其他方式提供具体的行动建议，让你意识到自己的错误，恢复理智，走出误区。很多时候，那种不加掩饰的坦诚，尖锐得像匕首一样，但你也要听。同时，你还要以相似的方式对待他们，这样你们彼此才能都获得成长。好朋友不会容忍彼此的平庸。如果你处于两难境地，你的朋友能理解你，但不会帮你做决定，更不会强行逼迫你。他们懂得你的顾虑，会以一种充满爱的方式激励你前进。

如果你只想得到朋友的支持而不希望被挑战，这说明你和父亲之间的关系没有处理好，而且这和你的父亲是否在世没关系。父亲的力量是充满了爱意的挑战和引导。如果你因为种种原因，没有从父亲身上吸取到足够的男性力量，你可能就会在犹豫不决中辗转，无法确定自己的前进方向。你的好哥们儿——当然不能是患得患失的好好先生——会以爱之光芒照亮你的道路，让你看清自己想要前进的方向。

你的朋友应该是那些敢于超越自己局限性的人，是那些能够在恐惧的边界慢行、一点一点突破边界的人。他们爱你，但不至于在你需要独立解决生活中的冲突时越俎代庖。你要相信，这样的朋友会如实告知他们对你的生活的看法，给你提出具体的建议，让你看清自己的处境，超越自己的局限性，获得自由。

人生难得一挚友，且行且珍惜。

如果你不知道自己的目标就去找，现在就去

> 如果对生命的目标缺乏明确的认识，男人就会迷失自己、随波逐流，而不是成为生活的主宰。
> 没有目标的男人不会具有鲜明的存在感，活得也很肤浅。他们在生活中扮演着无足轻重的角色，甚至在性事方面也会显得无能，缺乏阳刚之气，或者敷衍了事，漠然地机械应付。

生命的核心在于目标。如果你想要行为与内心一致、知行合一，那么你生活中的一切，小到饮食，大到事业，都要与你的核心目标一致。如果你知道自己的目标和内心深处的渴望，那么成功的秘诀就是以此为前提安排你的生活，最大限度地减少干扰和走弯路。

男人要记住最要紧的两条：一条是不要心存幻想，要敢于承认现实，明白自己所处的位置；另一条是找到自己的目标，知道行动的方向。如果你不知道自己的目标，就去找，现在就去。你的目标是你内心深处的渴望。如果你对此懵懵懂懂，那么你的生活将无所适从。对

于一个没有目标的人来说，任何方向吹来的风都可能是逆风，而生活中的一切都会与你的内心脱节。由于你的工作与你最深切的渴望不相关，所以，它只是一份工作、一个谋生手段而已，不可能激发出你的激情、你的爱和你的最大潜能。而你和家人或朋友在一起的时光也只是波澜不惊、无关痛痒的生活片段，与你的内心深处毫无关联。

与内心脱节会削弱你的力量。这种空虚的感觉不仅阻碍你在生活中的叱咤风云，也会影响你在床上“屹立不倒”的雄姿。

如果你知道自己的真实目标，也就是说你生命中最强烈的渴望，你的每一个行动都可以是你核心渴望的充分体现。无论是事业上的拼搏还是和伴侣相处的亲密时光，都会充盈着你发自内心的能量。你不再只是装装样子，你发自内心地爱自己的伴侣，用心生活。你时时刻刻都在给予你的爱，释放你的天赋。你在竭尽全力付出生命的同时，也最大限度地获得了生命。这样的生活，在每一刻看来都是完满的。

懂得如何经营自己生活的男人不需要从工作或伴侣那里获得满足感，对他而言，工作和亲密时光都是他释放天赋和付出爱的机会，他在这个过程中获得了心灵成长和心智成熟，这些收获本身已经让他触及了生命的内核，获得了极大的满足，其他任何事情早就无足轻重了。

在生活的段落中，你要明白何时用句号，何时用逗号

在生活的段落中，每一段男人都要付出百分之百的努力，接纳生命历程中的种种安排，完成自己的使命。他要有勇气面对未知，拥抱生活中的种种不确定和新目标的出现。
在男人的生活中，有些段落，目标很明确，行动也很有力；而另一些段落，目标则很模糊，不是那么清晰，生活也仿佛失去了控制。这些目标清晰的段落和目标模糊的段落相互交织，循环出现，是一个很自然的过程。在这个过程中，男人一段一段走下去，就会逐渐揭开生命中的因果之谜，发掘出生命的核心。

生活是由一个段落一个段落组成的，每一段都很重要，你都要用心。随着你敞开心扉，不断突破自己的局限性，你内心深处的目标就会逐渐浮出水面。在这个过程中，你会认识到自己在不同阶段的多个目标，每个目标都更接近内心深处的最终目标。仿佛这最终目标就埋藏于你生命的最深处，许多个阶段性目标层层环绕着它。在生命的历

程中，你要一段一段由外向内层层突破，最后直抵中心。

位于外层的目标通常来自父母的影响，以及你的童年经历。如果你的父亲是一位消防员，那么你也可能想成为一名消防员；或者为了对抗他，你想当一个纵火犯。总而言之，外层目标通常来源于你的早期人生经历，仅仅是你人生段落里的阶段性目标，绝不是你生命中的核心目标。

通往核心目标，需要很多段落。例如，如果你的核心目标是当个出家人，那么在知道这个目标之前，你可能会有很多与此不相干的经历，比如寻欢作乐、滥用药物、结婚、育儿、发展事业等，最后等你对这一切的欲望都烟消云散，为前面生活中的每一个段落都画上句号之后，你才发现那个核心目标，并全身心地投入冥想和修行。

生命中的每一个段落，你都要过好，随着你实现一个个外围目标和接近中心，你的生活就会更加接近本真，以及你内心最深层次的目标，无论其具体是什么。然而，此刻的你很可能还停留在一段生活里，为某一个阶段性目标而努力，浑然不知自己的核心目标是什么。

生活往往令你感到失望，当你实现了一个阶段性目标之后，你很可能没有惊喜，没有欢欣，只觉得这个目标的实现没有给你带来想象中的那么多满足，也没有预想中那么有价值和意义，你或多或少有些失望。这其中是有原因的。毕竟完成阶段性目标不能让你满足很久，因为它只是为你迈向下一个更深层次的目标提供了准备。当你实现了这些阶段性目标，将它们甩在身后之时，它们就会变得虚无，失去了意义。这时便要舍弃它们了。这是成长的标志，但你有可能为此感到空虚、郁闷，甚至抑郁，或者把这当成自己失败的标志。

举个例子。你在做一个商业项目，已经做了好几年，积累了和这个项目有关的很多经验，但至今都没有任何收益。你很清楚再坚持几年，就会获得巨大的经济回报，但有一天你突然发现自己对它完全不感兴趣了，没有继续做下去的欲望和动力了。这时放弃太可惜，继续做下去又觉得很无聊、很空虚，究竟该何去何从呢？

也许你应该坚持下去。这是其中一种可能性。如果你仅仅是因为懒惰，缺乏耐心，患得患失，想要逃避困境而选择一种安逸的生活，那么，你就不要放弃。当局者迷，旁观者清。问问你的好哥们儿，是否感觉你只是泄气了、畏缩了，或者没有勇气完成项目。如果他们觉得你还不应该为这段生活画上句号，那么就请你坚持下去。

然而还有另外一种可能性。你已经完成了自己在这个领域的使命，它可能只是你多个目标中的一个，你完成了它，离自己的最终目标又近了一步，你现在要给它画上句号，去完成下一个目标。

在生命的历程中，一个段落完成之后，有很多标志提醒你是应该用句号，而不是用冒号、逗号、引号，或者感叹号的时候了。以下列举几条：

1. 你之前对一件事充满了热情和动力，现在突然对它毫无兴趣；

2. 你对这件事一点儿都不留恋，对放弃它没有任何惋惜之情（这种决然也许会让你自己都惊讶）；

3. 尽管你对接下来要做什么一无所知，你仍然感到自己头脑清晰，毫无压力；

4. 想到以后不用再做手头的事了，你感觉精力更加充沛；

5. 目前所做的事情看上去除了傻没别的，比如，收集鞋带或者用加油站收据装饰墙面，当然了，你有权利那样做，但是有什么意义呢？

如果有以上情况，你可能就要停下手头正在做的事情了，为它画一个句号。你必须主动停下来，快刀斩乱麻。也许，你觉得停不下来，可能需要一些时间，但是干脆利落地结束是很重要的，不能让它产生新的后果或后续要处理的事情，以免在将来拖累自己或者别人。

下一个目标也许会立刻清晰地呈现在你眼前，也可能不会，而且第二种可能性更大。完成一个阶段性目标之后，你可能并不知道接下来要做什么。你只知道上一件事情已经结束了，但是不确定接下来要做什么。此刻，你要等待下一个目标出现。

急于求成是不行的。你可能需要让自己停下来，暂且随便做点什么事过渡一下，直到生命中的下一个目标露面。或者你很有钱，无须为生计而工作，那么就等待好了。无论是哪一种情况，你都要清空心灵，准备好迎接下一个目标，这是很重要的。如果你时时刻刻杂务缠身，就会无暇顾及下一个目标的出现。少看电视或玩电脑游戏。不要夜夜与朋友出去喝啤酒或者与多个女性交往。请你安心等待。你可能想逃离这一切，到一个遥远的地方躲藏起来。无论你决定做什么，都要敞开心灵，准备好迎接下一个目标。它终将来到。

这个目标来临时，通常不会以一个非常具体的形式出现。你也许知道大概朝哪个方向前进，但是并不知道具体要采取哪些步骤。当冲动产生的时候，请你按照它的指示行动。不要等待一切都确定下来。你要做的是反复摸索，直至找出答案。

比如，你因为感觉到自己一个阶段的使命已经完成，所以结束了股票经纪人的职业生涯。你攒了一些钱，正在期待生命中下一个目标来临。整整三个星期，你都在抓狂，不知道接下来要做什么。然后你觉得自己想从事与人打交道的工作。你开始考虑利用自己的财务知识帮助别人开公司。你有一些朋友，他们正想开创一番事业，但是没有商业经验，不知道如何起步。那么，你就可以给他们打电话，为他们提供帮助。

在你为朋友提供帮助的过程中，你会逐渐感受到你的下一个目标的“脉络”。也许你头几次尝试并不成功。但是你最终会发现，一些非营利组织开始给你打电话，请你为他们提供建议。这时你会觉得整个世界都在帮助你走上正轨。你并不确定自己是否将会以此谋生，但是你会觉得这就是你目前要做的事。那么，你放手去做好了，用上你全部的热情和天赋，不要有任何保留。

很快就会有一个有钱人发现你的存在。他钦佩你全力以赴的精神，以及你为他人提供服务的意识。他成为你的赞助人。现在你步入正轨了，有了不错的收入，做着自己真正想做的事情，并且帮助了别人。

你热爱自己的事业，对前来与你联络的人也充满了热忱与爱意。你的生命充实起来了。

若干年后的一天，这一切也将结束。它所代表的生活段落和阶段性目标也将被你实现。循环再次开始，然后又一次开始，直到你完成了所有的阶段性目标，抵达最终目标。然后，你朝着这一目标全力以赴，直至实现它，你将感受到无尽的爱和幸福。

没有事业心的男人是不完整的

> 如果男人总是以照顾家庭为借口放弃事业，迟迟不去实现自己的终极目标，那么他就不会有强大的内心力量，也将缺乏深度和存在感。他的伴侣将不再信任他，他也不再具有男性魅力以及性吸引力。即便他投入大量精力照顾孩子和做家务，也不能打动她。男人在家中的地位是由他在外面的事业决定的。这倒不是因为他的女人太势利，喜欢他功成名就，而是因为她实在不愿意看到他没有勇气面对未知、缺乏斗志的样子。

妻子和家庭是男人生命中不可或缺的重要组成部分，作为家庭的庇护者，照顾子女、担起家庭的责任是情理之中的事情，但这绝不代表他可以借爱的名义放弃自己的事业。

没有事业心的男人是不完整的。如果一个男人以照顾家庭为借口，舍弃了自己的终极目标，那么他最终只能苟且于与自己能力不匹配的生活。

他会因此心生沮丧，也得不到妻子和儿女的赞美和感激。妻子从他身上完全看不到男人应有的自信和阳刚之气，看到的只有他安于现状、消极颓废的样子；孩子会觉得他软弱，缺乏力量，关键时刻无法依靠，所以遇到困难时只好去寻求母亲的帮助。久而久之，你的女人抛头露面，担起了本不该她承担的责任，变得越来越强悍；而你的孩子因为感受不到你的自律，开始挑战你作为家庭掌舵者的权威。至于你，就只能宅在家中，唯唯诺诺，威风扫地，没有了男人的雄姿。

男人当然应该爱自己的家庭，家庭是男人的后院，男人要为之付出爱、精力和时间，但是男人不能只待在后院里不出来，他还要去开拓自己的前院——追求人生的终极目标。要知道，后院的稳定，得益于前院的开阔。如果前院狭窄、拥挤、不舒展，后院缺乏安全感，也就岌岌可危了。

虽然在男女平等的今天，男人可以戴耳环，女人可以飙车；男人可以轻松地给孩子换尿布，女人可以轻松地清理老鼠夹子……但不可否认，男人和女人有着不同的特征。女人所注重和追求的是爱。无论是肥皂剧还是爱情故事，或者与闺蜜聊感情话题，女性的欢愉都来自对爱的渴求。女性想要被爱充满。如果真爱的幸福还未曾驾到，她们就用巧克力、冰激凌或者言情剧来填充自己。

对女人来说，对爱的追求是她们一生的要务，但对男人来说，追求自由才是他们最重要的使命。这就是为什么男人更愿意看一场足球赛或拳击比赛，而不愿看什么爱情故事。体育运动的本质是突破防线，追求自由，实现自己的目标，比如，运球突破对方的防线，或者拳击场上十轮交锋后屹立不倒。对于男性而言，使命、竞争和实现目标，都能给他们带来快感。男人青睐战争故事、危险的英雄主义以及体育运动，都是其佐证。男人想要感受生死一线的刺激，以及冲破重重阻碍后获得自由的那种狂喜。如果他没有勇气亲自尝试，就会退而求其次，通过观看相关电视节目、比赛或警匪剧来满足自己。

基于男人和女人的不同特征，虽然男人也会在家庭中与孩子一道分享爱，获得感情上的满足，但女人从中获得的满足感比男人大得多，感触也要比男人深。所以，即便你对孩子的爱不比你的伴侣少，亲子关系也只会是你终极目标的一部分。

你生命的终极目标是什么？对一些男人而言，无论他们多么爱自己的家庭，多么愿意为之付出，还是会感受到一个更深的召唤。如果他们不追随这个召唤，自身最核心的部分就会被削弱。一旦他们去追逐这个目标，全力以赴实现它，他们的内心将是强大并充满活力的。而他们的孩子也会自然而然地感受到这一点。

有这样两类父亲：一类目标明确，有鲜明的存在感；还有一类没有从真实自我的感受出发，只是认为陪孩子是“正确”或“公平”的。孩子们对这两类父亲的反应是不同的。对于一个能够按照内心指引生活、有着明确目标的男人来说，他在陪伴孩子时会给予孩子全部的注意力和爱，即使他没有整日陪伴孩子，也会对孩子产生非常积极的影响。而对于一个模棱两可、不知道自己最终目标是什么的男人来说，即便他非常爱自己的孩子，花了很多时间陪伴他们，也不会对孩子产生多少积极的影响。

孩子是在潜移默化中受到父母影响的。如果父亲软弱和动摇，他们在接受父爱的时候就会感受到这一点，并将复制你传递给他们的情感，或者做出相应的反应。你的情绪基调——认同内心目标的安然或因为不知道自己努力方向的茫然——都会影响到孩子所感受到的家庭氛围。

如果你和你的伴侣都要工作，那么最好请人帮忙照料孩子，而不要向内心真实目标妥协，勉强花很多时间陪孩子。给孩子成长带来最大影响的，不是陪伴时间的长短，而是和孩子进行互动的质量。孩子在对情绪基调的辨别方面是非常敏感的。如果你在内心深处不是完全满足的，没有围绕你的最终目标安排生活和为之真正付出，你的孩子是会感觉到的。

所以，为了孩子，为了你自己，也为了你的伴侣，请发掘你的最终目标，竭尽全力实现它，同时尽最大努力关爱你的家庭。陪伴家人时，不要出于对内心的妥协，也不要心不在焉。如果你不想成为真正的自己，不要拿家庭当借口。如果你不想要孩子，有很多避孕措施可供选择。如果你决意生儿育女，你就要给他们尽可能多的真正的爱，而这样的爱只有在你为内心目标而生活时才会拥有。

家人有权利得到真实而完整的你，这个你在陪伴家人时，全心全意；在为自己的目标奋斗时，不遗余力。虽然有时候，你也会感到没有目标，不知道努力的方向，并为此感到茫然无措，但是你不会拿你的女人当挡箭牌，拿你的家庭当借口。你会直面自己的问题，直到解决它们。如果你能够从内心深处的渴望出发，做好权衡，在给予家人关爱的同时为实现人生目标竭尽全力，那么，你也就走上了成为高级男人的道路。

不领悟生命，就是浪费生命

> 无论一个男人的具体目标是什么，他都要经常停下来观察自己，感受生命中最有意义的那个部分。他不能被生活中的细枝末节湮没，不能忘记生命的本质无外乎当下时刻所蕴含的真实。只有用心体会当下，才能以更加清醒和自由的状态投入生活的洪流中。

生活中有一种状态叫作“做事模式”，你肯定不陌生。在完成某个任务的过程中，你非常专注，不希望被打扰。如果有人想提问题打断你，你要么置之不理，要么三言两语很快打发走他们，然后继续忙活自己的事情。这种“做事模式”在男人的生活和工作中十分普遍。无论你在看电视还是熬夜完成报告，你的注意力都会全部集中在手头的事情上，不想被打扰。

这种“做事模式”既是男人最大的优势，能够帮助男人集中精力，克服重重困难完成任务，也是男人最大的弱点。因为在应对日常生活和工作中发生的事情时，如果你忘记了自己更大的目标，那你就把自己等同于一台廉价的做事机器，无疑会被由无尽琐事组成的洪流所淹没和裹挟。

当读这本书的时候，你甚至也可能处于一种“做事模式”，就是说，你完全沉浸在读书的过程中，而忘记了读这本书的目的。如果你经常处于专注做事的状态，你不妨暂停一下，问问自己：假如此刻你的生命进入倒计时，你将会有怎样的感受？你能感受到生命的无限美妙，从而心怀敬畏和感激吗？你能将一切都放下，感受到圆满无尽的爱吗？你是否仍然专注于自己的事情，心无旁骛，对死神的来临毫无感知，直到最后一刻才感到无尽的遗憾和悔恨？

只有随时领悟生命，才不至于浪费生命。只有在领悟生命的基础上，全力以赴地付出生命，在你即将离开这个世界时才会了无牵挂，没有任何遗憾和后悔的事情。因为你已经展现了所有的天赋，明白了生命的意义。

男人要时常问自己：你是全心全意地爱过，还是有某种难以名状的空虚和遗憾，让你的心灵无法得到最后的安宁？你是完全沉浸在你的工作或项目中，对造化的神奇早已麻木，还是能从生活的细枝末节中感受到生命的真谛，并为那一个个瞬间而感动不已？你是沉迷于目前的工作，一叶障目，还是从这些工作中超然而出，领悟到生命的壮阔？

工作任务很重要，但再多的工作也仅仅是你领悟人生的方式，即使你再忙、再累，你也要懂得，最重要的事情是获得对生命的全面感受和领悟。你可以在家庭中去领悟爱，可以在足球场上去领悟突破防线后的自由，还可以在生病之后去领悟生命的坚毅和顽强，当然，你也可以在专心致志工作的时候，去领悟其中的意义。如果你仅仅是浅层次的忙碌，你的工作可能不会取得多少成就。相反，如果你用生命去做一件事情，无论你做的这件事情多么渺小、多么不起眼，这件事情都具有非凡的意义和价值，因为它揭示了你生命的秘密。

所以，男人不要为了做事而做事，陷入“做事模式”之中而不能自拔。你要通过工作和做事来释放自己的生命能量，关注真正重要的东西——领悟生命最深的秘密，探究和实现真正的自由。问一问自己：你是否知道这其中的含义？你是否潜心寻求过生命的最深层次的真相？此时此刻，如果你所做的事情无助于你探究生命的本真，你必须停止，或者改变做事的方式，让它们产生助益。否则，你就是在浪费生命。

当很多女性沉迷于情感的旋涡中不能自拔、浪费她们的宝贵生命时，许多男人正在忙于完成一个又一个任务，这同样也是在浪费生命。日复一日，年复一年，他们像机器人一样埋头苦干，虚度光阴，忘记了生命的意义。现在就停下来，抬起头凝望远方，回想一下你在一个阳光明媚的日子打扫房屋是什么感受，或者“采菊东篱下，悠然见南山”时有什么领悟……然后以这种劲头继续投入工作中吧。

枯燥的日常生活需要超越。超越需要你触及内心。回忆那些令你感动的时刻，端详那些给你最大启迪的人的照片。思考生命的神奇。放松身心，享受最为刻骨铭心的爱。在忙于具体事务时，也要按照你自己的方式感受生命的波澜壮阔。只有这样，你才能不至于迷航，错误地认为生活就是完成一个又一个任务。你不能只是一个苦力。你身上蕴含了生命的无穷奥秘。当你工作的时候，不要忘记这一点。

女人是男人的考官，
抱怨是她的一道考题

> 女人的存在是对男人的考验。
>
> 女人考验男人无非是想知道这个男人究竟有多坚强、多可靠，以及有多爱她。女人的考验可以有多种形式，比如抱怨、发脾气、猜疑、干扰，甚至以明显或不甚明显的方式打乱他的计划。
>
> 男人对女人的考验要有足够的心理准备，不要幻想女人会停止考验，自己的耳朵能够清静一些，日子能好过一些。他应该这么想：女人考验他，是为了检阅他的力量，测量他诚实和坦荡的程度；她这么做是为了彻底了解他，获得他的爱。接受女人的考验，是男人一辈子的事业。生命不息，考验不止。

男人的生命中充满了一个个考验，以及通过考验后的欢欣。男人与伴侣相处的过程也是如此，而且有过之而无不及。不仅她的存在本身就是一种考验，而且如果你接受并通过了她的考验，这将是她最大的乐趣之一。

对你的伴侣而言，你只有像印度宗教中的阳刚之神——湿婆那样：坚毅果敢、全心全意、无所不能、一心爱她，她才能得到最大的满足。她不需要改变你，因为无论她如何，你都是那个完美的你；她不会把你吓跑，因为你已给她最无畏和彻底的爱，占据了她的全部身心。她不会令你分心，因为你一心追求自己的目标，不受她的影响。她能感受到你给予她的无尽的爱和自由，会完全信任你。她满足于所得到的爱，于是不再考验你。

可是，过不了多久，当她再一次想从你身上感受湿婆的魅力时，她又会继续考验你。周而复始。事实上，在你最具有魅力的时刻，她最想考验你。

比如，你为自己立下了一个金钱方面的目标，经过努力，你终于成功地挣到了一大笔钱。你兴高采烈，心满意足，觉得自己很成功。你回到家，想与你的女人分享这个好消息，希望她能为你感到骄傲，并肯定你，甚至崇拜你。

“我今天赚了一百万。”你急于邀功求赏。

“还不错。”你的女人头都没抬，敷衍道。

“还不错？！”你对她的冷淡感到惊讶，“你要知道，我为这费了多大的劲。”

“我知道啊。你好像有几个月神出鬼没，看不到人影了。对了，你回来的时候有没有顺便取牛奶？”

“哦，对不起，我忘了。但这又有什么关系呢？我们现在都能买得起一个奶牛场了！”

“今天早晨我和你说了三遍记得取牛奶，还在你的公文包上贴了提醒小条，你怎么还是忘了呢？”

“我说过对不起了。我现在去拿那该死的牛奶……”

她这是怎么了？为什么你的成功反而惹她不高兴呢？难道她是为了打击你成功后的“嚣张气焰”吗？当然不是。她这是向你发起了考验，因为你的成功在她看来并不是最重要的事情，重要的是你要具有自由行事的能力，以及深爱着她。如果你足够成熟，无论她说什么都不会击倒你。她戳你的痛处，就是为了证实你不怕痛、足够强大，永远不会被打败。

她当然知道成功时刻对你意味着什么，那一百万可不是小数目。但这正是她向你泼冷水的原因。她并不想伤害你，只是想感受你身上的沉着、坚定和不屈。她想感受到你的力量，想证明你的快乐与她的反应无关，也与你挣了一百万无关。她想感受到你是一个更优秀的男人，不是小人得志，能扛住别人的任何打击。

男人要修炼成这样的金刚不坏之身是非常困难的。当你的生命显得平庸的时候，或者当你尚未修成正果的时候，你会希望你的伴侣能够接受你现在的样子，不要苛求你，所以通常情况下，男人比较反感、抗拒女人的考验，更希望得到女人的赞美和感激。如果你有勇气挑战自己的极限，愿意在困境中成长，并让自己的生命充满意义，那么，你就不会那么反感来自伴侣的这种考验，而是欣然接受，并希望在伴侣的考验中逐步走向成熟和强大。当然，也许你并不喜欢女人的考验，但是你不想变成一个笨蛋，任由自己的情绪被女人牵着鼻子走，所以，你会努力修炼自己、提高自己。当你把自己提升到一定高度之后，你就会超然独立，再也不在乎生活中的鸡吵鹅斗和磕磕绊绊，而是生活在生活之上了。这时无论生活是苦是乐，是逆境还是顺境，无论你遇到什么烦恼和痛苦、委屈和羞辱，你都能站在这些情感的上面，实现超越，而不是沉陷其中，无法自拔。这时，你不会因伴侣的抱怨而心烦，也不会因伴侣的指责而恼羞成怒，更不会因为伴侣没有赞美你、肯定你而耿耿于怀，因为你已经获得了情绪的自由，别人的情绪和行为再也不能影响你、控制你了。

事实上，只有软弱的女人才会选择软弱的男人，并且满足他们"不想长大"的心理需求。而优秀的女性是无法容忍伴侣的幼稚心理和行为的，善解人意、通情达理的女人，可以理解自己男人身上软弱的一面，但是她更希望主宰男人生活的，是男人真实的内心感受，而不是他未愈的童年伤口。她希望男人不断成长，超越那个极度自卑和渴望表扬的生命阶段。她希望感受到你身上由内而外散发出的力量。

为了感受到你的力量，她会考验你，不自觉地戳你的痛处，伤害你的自尊心，尤其是在你取得成功而心生喜悦时。如果你因此受到了打击，感到失望、沮丧和愤怒，就意味着你没有通过考验，被自己的女人打垮了。即使你赚了一百万，也是一个软弱的男人，不能得到伴侣的彻底信任。因为你想从她那里获得外部认可，表明你仍然有依赖性。

如果你充实而强大、幸福感超高、情商爆棚，你的真实自我没有因她的百般刁难和无理取闹而受到影响，那么你就通过考验了。比如，当你告诉她你挣到了一百万，她无动于衷，反而恼怒于你忘记了取回牛奶这点儿小事时，你没有失落和沮丧，而是笑着说："好了亲爱的，我这就给你牛奶。"然后你上前紧紧拥抱她，把她压倒在沙发上并亲吻她，深深地注视着她的眼睛，自信满满地爱抚她，让她的幸福感像牛奶一样源源不断地在周身流淌。

她笼罩在你的魅力中，沐浴在你的爱里，此刻的你在她眼里是完美的，是值得信赖的，这是你最具魅力的时刻，也是你的女人最欢欣的时刻，现在她完全放松下来，真心为你高兴。所以，能够通过女人考验的优秀男人应该是：努力拼搏，为江山也为美人；不会被伴侣的情绪所左右，既不会因伴侣的抱怨和指责生气，也不会因她的溢美之词而喜不自禁，这样的男人在情感上获得了真正的超越和自由。

但是，请你不要高兴得太早，这美妙的时刻仅仅能持续十分钟左右。然后，她又会对你进行新的考验。

考验永不停止。女人喜欢考验男人，因为感受男人爱情的力量、克服纷扰的能力、坚持自我以及与伴侣分享真爱的能力，对她们而言是一种享受。女人在抱怨男人的时候也是基于同样的愿望，而且这种愿望在她抱怨的时候尤为强烈。女人的乐趣是通过抱怨开启的。这抱怨不同于真正的指责，只是对你的男性魅力的考验。如果她在这个过程中感受到了你的魅力，她的指责就会烟消云散。

考验永不停止，奥秘正在于此。你无法摆脱。另觅伴侣不会让你获得解脱，身心疗法也无济于事，拥有金钱或性的乐趣也没有用。她这样考验你，是出于对你的爱。她想感受到真实的你，以及你的爱。

她想证实你的真实和爱比她丢给你的尖刺来得更加猛烈。然后她会受到你的吸引，放松下来，完全接纳你。之后，她便能信任你了。

最爱你的女人才会给你最多的考验。她希望成就最完美、最伟大的你。她不愿屈就。她了解真实的你，了解你内心深处的自由和魅力。她不愿意退而求其次。而且你要知道，她深谙此道。

如果你想获得自由，成为高级男人，这是必经之路。

如何对待女人，可以看出一个男人是否高级

part

你的呼吸须是沉稳的。

你的身体须是强壮的。

你的心神须是专注的。

无论你的伴侣说什么或做什么，

爱她就好。

不要给女人讲事实，
她更看重感受

“言而有信”是男人的优点，当然，女人也可以做到这一点。不过，对女人来说，要做到“言而有信”比男人困难得多。这样说并不是指女人天生就倾向于“言而无信”，而是指她们更习惯于用言语来表达感受，而不是客观事实。

在女人的世界里，事实的重要程度远不如她们的感受。很多时候，她们的言语并没有反映事实，仅仅是反映了情绪。如果她说“我恨你”，或者“我永远不会搬到德州去”，或者“我不想去看电影”……你千万不要认为她说的是事实，这些话仅仅是表达了她在特定时期的情绪，不能看作深思熟虑的结果，更不要相信她会“言而有信”。相对来说，男人则认为一口唾沫一个钉，说到就要做到，所以，男人更容易做到心口如一。

听女人说话时，应当把她的声音当作大海的涛声，或者树叶间的风声一样，大可不必太较真。你要把她的话语当作是她感情能量波动的外在体现，而不要去咬文嚼字。当然，她有时也会以男性化的方式准确地表达自己的意图，但是当情绪激动的时候，她的话语只代表她的情绪，而不是条分缕析的行动方案。她说她要去做什么，只代表在那个时刻、那种情绪下她想去做那件事，这只是情急之下的一吐为快，很可能五分钟后就改变想法，甚至每五分钟改变一次想法。

有时候，女人的善变让你惊讶，你忍不住会说："你刚才不是说……"但是你要明白，女人就是女人，她的话就像天空中流动的云朵，此时是一个形状，彼时又会是另一个样子。云朵是水、风和空气共同作用下的产物。女人的话则是她的感受、你们之间的关系以及说话时情境的细微差别（无论是可见的还是不可见）共同作用下的产物。这些因素会变，所以女人的话也会变。

比如，你问她："你想去看电影吗？"

她可能说："不太想去。"

如果你紧接着拥抱她，转个圈，说道："我们看电影去吧！"

她说："好的！"

她表达的并不是自己多想去看电影，而是此时此刻对你们之间关系的感受。如果在她说了不想看电影之后，你说"好吧"，然后坐下来看电视，那你可能没抓住重点。她说的不想看电影不是真的不想看电影。所以说，女人用眼睛对你说话的时候，听从她好了；可是她用嘴巴对你讲话的时候，你一定得小心判断。

对男人来说，说了与真相不符的话就是撒谎，但对女人而言，"真相"就等于她当下的感受。而感受是瞬息万变的，所以这并不是撒谎。比如，如果你的伴侣说想和你一起搬到匹兹堡去，但等你把房子卖了之后她又说不想去了，这时你愤怒地对她叫喊：“是你自己说要去的！”于是你认为这个女人是如此不靠谱，她的话如此漂浮不定，让你摸不着头脑！其实你大可不必斤斤计较她说了什么、没有说什么，她起初对你说想去的时候，是对你们之间的感情充满信心；后来告诉你不想去的时候，是这段感情让她感觉不好了。所以，你不要与她争辩谁对谁错，而是要向她证实你有多么爱她。

总而言之，不要相信她的话的字面意思，只有当她正全身心沐浴在你的爱河中的时候，她说的话你才能当真。即使在这样的时候，她表达的也可能只是自己一时的感受，不能保证时过境迁后她不会改变。永远不要基于女人话语表达的意思来做决定，她的感觉变了以后，她可能随时改变主意，你对此要有心理准备。不要忘了，女人比男人敏感得多。

所以，当女人讲话时，男人要仔细揣摩她的心思，把女人变幻莫测的情绪和敏感睿智区分开来，在尽可能多的事实的基础上，在充分考虑她的感受的基础上，依靠自己的内心做出最佳决定，并对自己的决定负责到底。这样的话，如果她随后改变了想法，你就不会因为她破坏了你的计划而心生不快，甚至还可以从她敏感多变的小心思中体会到乐趣。如果你迁就伴侣一时的情绪而改变真实想法，最后很可能会责怪伴侣，彼此都不满意。

男人在挑战中成长，女人在赞美中变美

> 女人渴望被赞美，因为她是听觉动物，只要你充满深情地对她说：“亲爱的，你太漂亮了！”“宝贝，我爱死你了！”哪怕是性格暴躁的女人也很容易被你的甜言蜜语所打动。所以，男人不应该羞于向女人说出炽热的溢美之词，应该尽情地赞美对方。

男人在挑战中获得成长。孩提时期，为了怂恿你做某件事情，伙伴们会这样挑战你：“我敢打赌你跳不过去那个栅栏。”不管心里怕不怕，你都会鼓足勇气努力去试。如果到了一个新环境里，比如在新兵训练营，当你听到别人说“你就是一个无用的家伙”时，你肯定会血脉偾张，暗下决心，一定要超水平发挥，让那帮蔑视和羞辱你的人好好看一看。所以，身为男人，你可能很喜欢挑战别人，甚至还会把这种习惯不由自主地用到你的女人身上，认为女人也可以通过挑战和反面鼓励来让她们变得更好。殊不知，结果事与愿违。女人身上男性的那一面也许可以通过挑战获得成长，但是女性的那一面只有通过支持

和赞美才能起到激励效果。

比如，你想让你的爱人去锻炼，往往会这样说：“你的体重不能再增加了，快去锻炼吧。”结果，她会很生气，不理你了。因为在她看来，你完全是在羞辱她、暗示她，你对她的现状不满意，她觉得自己被否定了。如果你对她说：“亲爱的，你的身材很美，美得恰到好处。”那么她一定非常高兴，而且还会为了保持身材而主动去健身。

你对女人的赞美往往能够放大她的优点，让她主动去完善自己。所以，优秀的男人面对女人时常常会用积极的说话方式，杜绝消极的说话方式。比如，他希望自己的伴侣能常常给他笑脸而不是冷脸，那么他会说：“你笑起来的样子美极了。”而不会说：“别总皱眉头，不好看。”因为前者比后者的效果要好很多倍。

赞美的语言能够滋养女人。如果你希望你的女人光彩照人、健康、快乐、美丽，或者更加坚强或有深度，请在这些方面赞美她。每天都要不止一次地赞美她。你给予她的赞美会使她如沐春风般舒心畅快，绽放出自信的笑容，生活得更加阳光灿烂。

当然，恰到好处的赞美对很多男人来说并不容易。首先，你要明白，你最希望她在哪些方面改进，就应该在这些方面赞美她。其次，赞美她的小技巧：从她的劣势中挑出优势，用一种令她感到意外的语言来赞美她。比如，如果她是个女汉子型的，你就找她温柔的瞬间猛夸她“你的温柔太打动人了”；如果她是个优柔寡断的人，你就趁她偶尔表现得比较果断的时刻及时加以赞美：“你的决定太棒了！”这样的赞美对她来说完全是种全新的体验，她的内心会得到前所未有的满足，她会把自己身上那些不尽如人意的地方变得更好。

对女人来说，赞美是有效的，实话实说反而不行。赞美能够产生激励的效果，而挑战不会。所以，高级男人通常懂得抓住女人最受用、会被深深打动的点，讲一些女人喜欢、渴望听到的赞美之词，诸如她如何漂亮、如何有气质、魅力如何令人难以抗拒等。请尝试一下，每天赞美你的女人五到十次吧，你的赞美可以撬动女人的心灵，激发她们心中改变的力量，由此变得更好。

男人的价值在于能帮助女人打开心扉

> 作为男人，如果你过于害怕、软弱或笨拙，不能觉察女人的情绪，通过她的考验，让她感受到你的爱，那么，她就会继续用抱怨和发脾气来考验你。如此一来，你会感到沮丧、挫败，并对自己的女人滋生出厌恶情绪，觉得她太难缠、太讨厌。
>
> 这不能全怪女人，其实，女人难缠是因为她感受不到你的爱。面对女人的歇斯底里，你不能害怕，也不能软弱地选择逃避，任由她的不良情绪肆意蔓延，而是应该勇敢地掏出自己的心，竭尽全力付出爱，并让她深深地感受到。
>
> 如果这样还不能让她释怀，也许你应该考虑结束这段感情。由于你已经竭尽全力，所以并不会心生恼怒和怨恨，留下后悔和遗憾。

一段亲密关系的重点在于两个人一起生活比一个人独自生活获得的好处多得多，因为两个人可以相互支持、彼此关爱和共同成长。如果你一个人独自生活就能获得更好的成长和更多的爱，那为什么还要发展一段感情呢？亲密关系意味着通过互相给予，你能获得独自生活所无法获得的东西。

在亲密关系中，男人能给予女人最大的礼物之一，是让她敞开紧闭的心扉，走出孤独和寂寞。当然，我不否认女人靠自己也能独自走出来，但是男人的力量能够像闪电一样照亮她黑暗的天空，这是她自己无法实现的。而且，男人的价值就在于能帮助女人打开心扉，解决问题。

但是，如果你和大部分男人一样，你很可能感觉女人的情绪是一种麻烦和负担。她们整天神经兮兮、没事找事，只会让你愈来愈烦、愈来愈讨厌。很多时候，你会采取逃避的方式，不理她，与她冷战，她爱怎样就怎样，说什么就是什么。你希望女人能自己调整好情绪，不要再来烦你，而自己乐得清闲。你甚至还会认为自己不与她争吵，已经是男人的一种大度和宽容了。但是你的大度和宽容并不会给你带来多少安宁，你会发现，你的女人抱怨的次数越来越多，脾气越来越大，让你烦不胜烦，非常沮丧。于是，厌恶的情绪在你心里滋生、蔓延、发展。你想知道：她究竟是怎么回事？为什么不能乐呵呵的呢？

实际上，女人对于男人来说，只有两种状态：一种状态是敞开心扉，接纳你的爱，这是男人最轻松的时刻；另一种状态是紧闭心门，用抱怨和发脾气来考验你，看你是不是有能力打开，这是男人最棘手的时刻。女人的这种情绪循环和自然界中四季的更替一样，永远不会停息。你要做的是修炼自己的突破能力，当女人用抱怨和发脾气来阻挡你时，你要用爱做炸弹，迅速突破她的防线，打开她的内心。当爱的炸弹在女人的心中开花之时，她所有的抱怨和脾气都烟消云散了。

男人千万不要把能容忍女人的坏脾气当成一种美德，那不是美德，仅仅是害怕、软弱和笨拙，只会让女人的心越来越封闭，陷入更深的抱怨、恼怒、孤独和寂寞之中。你应该勇敢地拿出爱来，冲上前去，炸开她的心结，让她感受到你漫天飞舞的爱。

爱是给予，给予是你的职责。通过你的给予，而不是忍受，你们双方的心灵都会得到更多的成长，并且领略到其中的深意。对高级男人而言，伴侣的情绪变化不是什么讨厌的事，而是一种挑战，他们很乐意在挑战中成长。

有许多方法可以创造性地帮助你的女人处理情绪，打开心扉。你可以逗她开心：为她脱掉衣服跳非洲部落的瓦图西舞；为她演唱歌剧；学动物的叫声；大声喊出她的名字然后深深地吻她；用你的胸膛紧紧贴着她，直到她幸福地融化；把她抱起来转圈，等等。有时与她交谈也会有所帮助。

如果你费尽心思，用了各种新奇的、幽默的或强势的手段，都无法让你的女人打开心扉，驱散不良情绪，那么请你也放松下来。你已经尽力了。如果你没有办法取悦她，或者她不是很情愿接受你的努力，那么也许你不应该和她在一起。

但是，请不要忘记，无论你和哪个女人在一起，她每天都会经历感情波动的循环，而为什么会有这样的情绪变动，她自己也说不清。大自然有雨季和旱季的循环、白天和夜晚的更替；你的女人也会永远经历心扉的紧闭和敞开，即使她在生活中一切如意，即使你们的感情没有任何问题。你不能通过更换女人来避免这一点，也不能任由她们的情绪自生自灭。你只能不断提高自己打开女人心扉的能力。无论你有多么深情、勇敢、幽默和爱她，这个过程都永不停息。

如果你曾无休止地与伴侣讨论她的情绪变化却毫无结果，导致你心生沮丧，除了苦苦忍耐没有他法，那么基本上可以确定，憎恶正在你们之间产生和蔓延。不要忍耐她的情绪，也不要与她在这方面进行讨论。你要参与进来：用你的爱让她充分绽放；用你的拥抱与她交流；用你的幽默打开她的心扉；用你强大而无畏的存在感深入她的内心，打动她。打开她的心扉，一次，再一次，让她从抱怨中走出来，从恼怒中走出来，从孤独和寂寞中走出来。也许她自己也能走出来，但是，如果她在没有你的情况下也能更好地成长，那她要你还有什么意义呢？

女人90%的情绪问题，是因为她们感受不到爱

女人的情绪和想法就像天气一样，永远变化莫测，时而狂风骤雨，时而阳光明媚。男人没有办法理出头绪，也找不出明确的因果关系。

实际上，女人的情绪总是在暴风和微风之间急遽转变，而促使其变化的原因则是你们之间爱的起伏不定。如果一个女人感受到深切的爱，快乐之情就会立刻轻盈地升腾而起，而先前不快的情绪也会随之消失。

作为一个男人，无论是在生活还是工作中遇到了什么问题，首先想到的就是运用追根溯源的方法找出问题产生的原因，然后采取有针对性的措施来解决这些问题，如果能够一劳永逸，当然最好不过了。同样地，如果自己的女人出现了情绪方面的问题，很多男人首先想到的仍是探究原因，你想知道是什么让她感到不快，想当然地认为一定有个具体原因，然后找到这个原因，彻底消除之。

因为你关心她，所以你会问她究竟是因为什么不开心："出什么问题了？我做什么让你不高兴的事了吗？你为什么哭呢？你是快来'大姨妈'了吗？有人和你说了什么可怕的事情吗？"

你把女人当成课题来分析研究，查找问题，提出解决措施，一厢情愿地以为找到了她烦恼的原因之后，事情就能很容易解决。然而，事情并不像你想的那样。你问这问那，很可能会令她反感，让她的情绪变得更坏。

其实，女人90%的情绪问题都是因为她们感受不到爱。这可能让你感到很惊奇。所以，不要站在她的对立面分析她——就像医生为病人诊断，或者治疗师询问病人。你要立即让她感受到爱，不要有任何迟疑和含糊。走到她身边，深情地望着她的眼睛，拥抱她，轻抚她，告诉她你有多爱她；对她微笑，轻唱她最喜欢的歌，陪她跳舞……然后，她的坏情绪很可能已经在你的爱的笼罩下烟消云散了。解决了情绪问题，如果还有残留的实际情况需要她来处理，这时才是你帮她提出建设性意见的最好时机。

普遍来说，分析女人的情绪偶尔也能解决问题，但这种情况很少见。尤其是在你自以为是地认为找到了原因，并试图改变她的情绪时，你的努力很可能进一步激怒她。她会觉得你不了解她、不懂她，你就是一个情商很低的"棒槌"。不信你就问问看，当她不高兴的时候，是更需要你的爱，还是你的分析？给她爱并不难，毕竟这是你们两个人都想要的。但是作为一个男人，你可能更想改变她，然而这一点并不是她想要的，很多时候会让事情变得更糟。

当女人用抱怨和发脾气来表达自己的不满时，男人不要就事论事，你要能听懂她的弦外之音。比如，她下班回来，跟你抱怨她忙活了一天，工作强度多么大，同事关系多么紧张，老板多么难伺候，这时你对她说："累就别干了，我养你！"你可能认为说些浪漫的话，肯定能哄好她，可她更加歇斯底里地指责你："挣那点儿钱，有什么本事养家？"这时，你是不是有一种好心不得好报的困惑？其实，她的抱怨只是想让你知道，她很累，希望你去关心她一下。这时，你要深情地看着她，满怀爱意地以她喜欢的方式抚慰她，无论是和她说话，还是为她做别的事情，你都要让她感受到你的爱。也许只是一个拥抱、一个亲吻，一切就云淡风轻地过去了。可是，如果你不明白她的需求，不能做出她想要的回应，常常会弄巧成拙，让她的反应更加激烈。如此一来，你反而会觉得她在无理取闹，令你烦不胜烦。殊不知，当厌恶产生时，彼此的心就离得越来越远了。

作为男人，你要明白，女人真正想要的其实并不多，她不要你的分析，只要你的爱。一旦她的需求得到了满足，就天下太平了，同时你还会因为付出爱而获得收益。所以，当女人发泄她的不满时，如果你不停地问对方为什么不高兴，你就大错特错了。你应该立即通过你的眼神、触摸、动作和声调，让她感受到你对她浓浓的爱意。当爱在你们之间流淌起来之后，如果你还有话想对她说，那么尽管说好了，因为她的心已经敞开，需求已经得到满足，你们已经达到了深度的和谐。

永远不要指望女人会用男人的方式解决问题

> 如果说男性特征就像一条船，目标明确，选择一条航线就能控制方向，一往无前。那么，女性特征就像海洋，是生命的源泉，强大，壮美，多变。但她是一种完全处于运动状态的能量，虽然波涛翻滚，却缺乏方向感。
>
> 如果你希望女人能够像男人一样自我分析、解决问题、确定方向，那你就是一个不懂女人的男人。
>
> 高级男人从来不会用对待男人的方式来对待女人。因为他们知道，在男人世界中通行的规则，到了女人那里就行不通了。

男人可以把面临的问题分析得清清楚楚，从而增加对自己的了解，并解决自己的问题。对男人而言，最好的成长方式之一是运用自己的分析力和判断力，发现自身的问题和所遇到的障碍，然后改变一切自己认为需要改变的东西。比如说，你发现目前的工作令你感到压抑和郁闷，你就会思考问题出在哪里。经过缜密的思索和梳理，你意识到那是因为你的上司在利用你，而你一直一言不发，以至于累积的不满和委屈日益增大，才令你感到压抑。你认为解决这个问题最理想的方法，就是直接找到老板，开门见山地与他沟通。于是你鼓起勇气，走到老板面前，说出了自己想说的话。就这样，问题解决了，麻烦结束了。这是典型的男人解决问题的方式。

但是，你不能把男人解决问题的方式用在女人身上。比如，你发现妻子的某些做法令你不满。你就会在心里琢磨：她为什么不像以前那样在乎我了呢？她为什么不经常给我做饭或者按摩了呢？……你用分析的大脑不断分析原因，最后得出结论：一定是自己在很多方面做得不够好，妻子有可能不满，所以才冷落了我。于是，你与她推心置腹地交流，心平气和地对她说："我需要你对我恢复以往的热情，更多地关心照顾我。我有哪些地方做得不够好，或者你对我有什么要求，也请你仔细想想，想好了就告诉我。你的要求，我会竭尽全力满足。"在男人看来，这样做事非常公平合理，问题肯定会圆满解决，两人以往的快乐生活很快就会回来。

然而，你很快就会发现，事情并非如此。你的女人不仅没有说出她对你的要求，反而变得更加冷漠。为什么呢？因为女人会这样去想：这个男人连我需要什么都不知道，他对我的爱一定打了折扣。女人希望男人能够自己琢磨出她们的需求，而不是她们自己说出需求。说出来的需求即使男人满足了，她们也会觉得没意思。因为只有男人自己琢磨出女人的需求，并满足了她，才能充分证明这个男人真正爱她。女人想要一个爱她的男人，而她们判断的标准就是这个男人能够懂她、关心她、陪伴她，而不是一天到晚问她想要什么。

在两性关系中，女人最大的渴望之一就是男人懂她，能自己琢磨出她的需求，并予以满足，而不是让她来告诉男人她想要什么，这样她才能感受到男人的能力和爱。一个男人即使有再多的爱，如果没有能力让他的女人感受到，也是白搭。所以，主动去琢磨女人，是你释放爱的窗口。你的主动会让她欣喜若狂，深深感受到你的爱。虽然有时女人确实会告诉你她的需求，但更多的时候，需要你自己去琢磨和引导。

假设你的伴侣要过生日了。如果是你过生日，你的伴侣做了你希望的事情，你会感到高兴。于是推己及人，你对她说："生日快乐！为了庆祝你的生日，我们做点你想做的事吧，去哪儿都行，干什么都行。我愿意为你做任何事情。你想要什么呢？"

你这样的言行与女人想要的完美的生日礼物大相径庭。如果换一种方式，你对你的女人说："你有半小时来收拾行李。别问我去哪儿，知道我们马上要去度过一个很棒的周末就足够了。一切都安排好了，你带上自己的东西就行，剩下的都交给我。我要给你过一个最棒的生日。"等你们到了目的地后，妻子发现那个地方正是她一直想去的地方，此情此景，几乎所有女人都会惊喜不已，幸福得简直要晕过去了。

在两性关系中，女性还有一个最大的渴望就是知道男人会把一切搞定，自己能够放松下来，听从安排就好。她不愿意通过分析来制定方案，也不愿意费脑子告诉男人要怎样做。她希望男人负责计划、安排和方向，她只提供纯粹的能量、纯粹的动力和纯粹的爱。女人的特性就像大海，携带着巨大的能量，那浩瀚的生命的洋流，壮美、多变，波涛汹涌，可以涌向四面八方，却没有单一的方向。男性要做的，就是配合这种女性的力量，建造运河、大坝和船只，以便可以越过海洋从一地到达另一地。也就是说，女性可能同时有着多个方向，但是，当需要选定特定目标时，她们往往难以抉择；而男性就像乘风破浪的巨轮，沿着选定的航线，严格把控着前进的方向。

在亲密关系中也是如此，如果你一心指望女人能够自己做出决定，就相当于把对方由海洋变成船只，那么你是在毁灭她的女性能量。虽然她可以做到，没准儿会比你做得还要好，但是这不会让她感到幸福。

幸福的女人都是身心放松的女人。无论她是强大、多变、深不可测、狂野、具有破坏力的，还是平静安详的，她身上都充满了旺盛的生命力。她的心像海洋一样有着巨大的力量。如果你让她分析自己的情绪，那就像用高墙把一片海洋围起来，把它变成一个游泳池：她波澜不兴，更加安全，但也不再拥有强大多变、深不可测的巨大生命力。大部分男人以对待男性的方式对待他们的女人，与她们讨论情绪、分析情绪，好像这样就能解决问题似的，他们的行为无异于把女人能量的海洋变成波澜不惊、如死水一般缺乏活力的池塘。

不要再浪费时间那样做了，更不要期望你的女人会自行那样做。这就好比她强迫你这个大男人读爱情小说或者看爱情电影一样，当然了，不是说你不可以，只是你被爱情打动的程度远远没有球赛给你带来的刺激强烈。看球赛带给你的是酣畅淋漓的舒爽感，让你兴奋，让你激动，让你活力四射，而肥皂剧的多愁善感则让你感觉不像个男人。试想，如果你的女人在生活中一次又一次地强迫你去看这些磨磨叽叽的爱情故事，你是不是会很反感，会不会认为她是如此不可理喻。

肥皂剧、爱情小说和故事之所以能够深深打动女性，是因为对女性来说，在一段感情中，爱的流动是最重要的。而对男性而言，目标和方向则是最重要的。男性通过分析目标、校准方向，就能解决自己的许多情感问题。而女性不行。

女性不能通过自我分析获得解脱，只有沉浸在爱中才能获得自由。爱对她们来说具有生命般的意义，她们愿意接纳无尽的爱，让生命在内心力量的感召下前行，并由此获得自由。虽然在这个过程中可能会涉及一些理性，但自由、感性和信任才是最主要的。

如果你想帮助伴侣，那么最好的方法是让她接纳、相信爱的力量，让她打开心扉，让爱伴随着她、包围着她。当爱溢满她的心怀时，她就会给予爱。在这个过程中，你不需要分析她的爱的组成部分。分析是男人的事。男人喜欢分析各种事物，不论是在足球场上、方寸棋盘间、股市上，还是在感情当中。但是，对男性而言，不要将自己做事的方式投射到伴侣身上是很重要的。

让你的女人成为一片海洋吧。鼓励她像海洋一样自由、深邃，充满野性和力量。让她因你毫无保留的爱而完整，因你的存在而强大、坚定，让她摆脱情感的束缚，尽情释放自己。让她源自内心的情感恣意流淌。让她能够充分表达自己的爱。让她因爱而狂。

爱也有爱商。你要承认爱商的存在，要知道就事论事通常并不能帮助你打开女人的心。你要不遗余力地爱自己的女人，就像把她逼到墙角，与她紧紧相贴，坚定地把你的爱传递给她一样；与她一起呼吸，让她放松下来，接纳内心的爱……你将会从她大海般的女性能量中获得最大的收益。

你对待女人的方式，
就是世界对待你的方式

> 当女人情绪紧张、激动时，普通男人的做法是“惹不起，躲得起”，他们会选择离开，一走了之，等她自己 “恢复理智” ，冷静下来之后再出现。
> 而高级男人面对女人的歇斯底里，则犹如大海中的一条船，即使风急浪高、波涛汹涌，也会不离不弃、始终如一。
> 他们时刻不忘对她的爱，相信爱能解决女人所有的情绪问题。

如果你和大多数男人一样，那么你很可能不太喜欢伴侣的不良情绪以及歇斯底里。你也许很想知道，为什么她那么复杂多变？她出了什么问题？你可能会对她说：“你要冷静，放松一点。”对你而言，你无法参透伴侣的坏情绪，甚至还有可能感到厌恶。当她一旦到了发狂的程度时，你又开始担心她会搞出什么破坏来。她的情绪比你想的狂野和难测得多，令你唯恐避之不及。

总的来说，大部分男性害怕女性的情绪，或者为之感到厌恶。这就是男性试图纠正或逃离伴侣的原因。“我先出去一下，等你恢复理智再回来。”你也许会这么说。

女性最大的愿望之一是这样的：当她发飙时，你不为所动，没有逃走，仍然坚定地站在那里，任凭她的坏情绪狂风暴雨般肆虐；你就在那里，尽管她看上去愤怒不已，不想说话，但她从你愿意承受她的坏情绪中，或多或少能感觉到你还爱着她，于是，她开始放松下来，逐渐恢复了对你的信任。

你对待女人混乱情绪的方式也反映了你对待这个纷扰世界的方式。如果你是那种按部就班、凡事打理得井井有条的男人，那么也会希望把伴侣混乱的情绪都打理好，就像把混乱的东西整齐地装在精致的小盒子里一样。如果你恨不得连自家的阁楼都雇人清理，或者要请人梳理自己的财务状况，那么你很可能宁愿让别人来解决伴侣的情绪问题。

其实你可以训练自己掌控这个世界的能力，经济、创造力、精神层面都可以，前提是你要先学着释放自己的爱，并让伴侣感受到，即使她有时会陷入混乱的情绪中，你依然爱着他。你要恪守自己的信念，向对方展现出强烈的爱，让她被你的爱包围。看似行不通时，你也不能退却，而是要从失败中汲取教训，再次以爱打动她。请运用你的天赋。你要像在海上奋力掌舵或冲浪一样，对伴侣强烈的感情能量及其起伏变化感同身受，而不能有哪怕一秒的分神。

也许船只不听你使唤，也许你会被海浪吞没，也许你会被伴侣伤害，但男人就是在这个过程中成长的。你站起身来，掸掉身上的灰尘，游到岸边，再次面对伴侣迎上前去。要知道，你只有两个选项：要么恐惧，要么掌控。你可以退却，可以换艘更小的船或选择更宁静的海面；你可以等待伴侣平静下来，或者运用更强硬的方式让她平静下来。但是，作为高级男人，你可以把这些时刻视为一种挑战，以此锻炼自己征服这个世界以及女人的能力。

你的呼吸须是沉稳的。你的身体须是强壮的。你的心神须是专注的。无论你的伴侣说什么或做什么，爱她就好。与她紧紧相拥，对她微笑。大声呼唤她的名字，然后亲吻她的脸颊。做一切能够打动她的事情，打开她的心扉，注入你的爱，抚慰她的心。学会喜欢她的怒气、她的泪水以及她沉默的倔强。如果你经常以这种方式去对待自己的女人，那么很多时候，这个世界也以这样的方式来对待你。

生命是一场游戏，在这个游戏中，你要迎难而上，改变一切对自己不利的局面；你要充分运用自己的天赋，用爱镌刻生命的每个时刻；你不能纠结于成败得失，因为你知道生活总是起起落落，最困难的时候也是最具希望的时候。

当你不再逃避或患得患失时，你的爱就不会偏离方向，你的自由也不会受到约束。这时，你就征服了自己的伴侣和这个世界。

假如你的女人把自己当成男人，你就什么都不是

> 作为男人，如果你总是指望女人做决定，还要让她为相应的结果负责，那么你就是在逃避自己的责任，也是在抑制自己的男性能力。时间久了，你的女人就会把自己当成男人，她会变得果断、泼辣、有担当，相应地，也就失去了从前的温柔、贤惠和体贴入微。她将不再相信你的爱，也将不再依赖你的能力。在她眼里，你什么都不是。

假如你的女人征求你的意见，你说“你怎么做都行，我没意见”，那么你就犯了大忌了。朋友之间可以这么说，但是爱人之间不可以。作为朋友，你们希望相互信任，并给予彼此空间和独立性。但是作为爱人，你和伴侣之间不仅是朋友关系，还是阴阳两极，你们之间要时刻保持异性的吸引力。如果这种吸引力开始消退，你们之间的冲突将会增加，感情也将一点点被侵蚀，直至消失。保持异性之间的吸引力，最重要的方法就是呈现内心、展现本色——你越有男人的智慧，

她就越有女人的魅力。

男子的智慧最突出的表现之一，就是有主见，能够考虑所有的方案，权衡利弊，并从中做出最佳选择。如果你希望自己的女人能够成为女神，散发出女性的魅力，并对你小鸟依人，那你就要有主见，时刻展现出男人的果断和智慧，让她觉得你值得信赖、可以依靠。当她被你的英明决策所折服时，她就会彻底敞开心扉，尽情地释放自己的女性魅力。所以，女人的魅力很大程度上是靠男人的智慧激发出来的，男人要为女人的魅力负责。

当你的女人不知道如何选择、左右为难的时候，正是你展现男人智慧的最佳时机。即使是一个很微小的决定，你也不要说："你想怎么办就怎么办吧。"如果她问你她穿哪双鞋更好看，你要选择一双，然后告诉她，不要说："两双都不错。"你要说类似这样的话："我喜欢那双红色的，最重要的是你喜欢哪双。"她当然是想穿哪双就穿哪双了，但是你要让她感受到男性的决断能力。

也许你的女人在事业方面想要做一个决定，这个决定在今后很多年都会对她产生影响。那么，她会怎么做呢？一种可能是，由于她对这件事情非常热爱，于是她依照自己的感觉就做出了决定，这正是典型的女性做决定的方式——女人是靠直觉做决定的。但是，还有另一种可能，她有几个选择，想通过分析、比较和权衡，做出一个最佳决定。那么这时就是你施展男人智慧的良机了，毕竟依靠分析做决定是女人的弱项，恰恰是男人的强项，也是男人做决定的方式。值得注意的是，当你的女人需要你展现男人的智慧的时候，你退缩了，没有帮助她，甚至还让她自己做决定，这就相当于你试图把你的女人变成男人。这种情况短期存在还好，如果长期持续，你们之间的吸引力就会逐渐减弱。她将承担男性角色，你将承担中性角色，而女性角色不复存在了。你们会觉得彼此只是朋友关系，而不是爱人关系，而两性之间相互吸引的魅力，也就被朋友之间的就事论事取代了。

所以，如果你拒绝利用你的男性能力，而只是一味地说“我无所谓，你决定好了”这样的话，那么她将不得不逐渐学会把自己当成一个男人，而不是把你当成男人。这样一来，你的女人将全方位立体地失去对你的信任和信赖，她会变得果断、泼辣、有担当，相应地，也会失去女人的温柔、贤惠和体贴入微。她甚至还会抗拒与你亲热，因为她需要的是男人，而你没有展现出男人特有的决断和看问题的视角，已经不像个男人。在她眼里，你已经什么都不是了。

总之，在生活中，当你的女人征求你的意见时，你要认真地告诉她你的想法和选择，并且让她知道，无论她决定怎样做，你都是爱她的。虽然基于女性直觉做出的选择，往往比基于男性分析做出的选择好得多，你应鼓励她用心感受，相信自己的感觉，但是为了保持两性之间的吸引力和幸福，不要忘了告诉她你将要怎样做，以及为什么要那样做。即使你知道她还是会自己拿主意的，你也要展现男人的智慧，并让自己像个男人一样存在于女人的身旁。

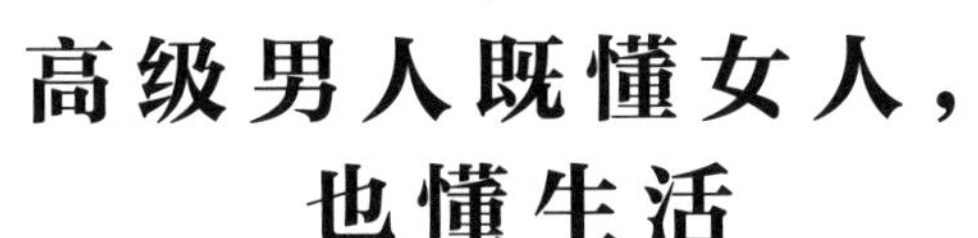

高级男人既懂女人，也懂生活

part

3

无论是身体方面还是心灵方面，
女性都是爱、
灵感和力量的无尽源泉。

喜欢女人，
证明你是个男人

男人总是会被漂亮的女人所吸引，忍不住多看她几眼。对于这种情况，你不必害羞，也不要不好意思，因为喜欢女人是男人的本性，也是造化使然。

高级男人不会压抑自己的本性，他们知道，压抑本性无异于在精神上阉割了自己。但是，他们也不会由此放纵自己，变得低级庸俗。他们懂得欣赏女人，驾驭欲望，并在这个过程中领悟生命的真实，获得精神上的自由。

如果你是个男人，而且足够诚实，那么你就会承认自己的目光常常被身边的女人所吸引。无论是在大街上、商场里、地铁中或者单位里，你都可能遇到让你兴奋的女性。有时你甚至想和她们享受云雨之欢，但更多时候这种感觉更像一股清泉涤荡着你的全身，让你为之一振。见到一个充满魅力的女人会让你一整天都飘飘然。她身上优雅细腻的香气会让你心醉神迷，宛如身处天堂。你觉得自己的生命更充实了，世界更宽阔了，一切都妙不可言。女人的微笑会融化时光，让你感受到纯粹的美，美得令你窒息。

男人经常会对女人产生爱慕之情，这是人之常情，也是造化使然。阴阳互补，异性相吸，本来就是大自然的规律。阳刚的男儿喜欢窈窕淑女，较为阴柔的男性喜欢豪爽的女性，中性化的男性喜欢较为中性化的女性，这些都是本性的自然流露。在这个世界上，以男性特质为主的男人大概占 80%（你很可能是其中一员）。这样的男人会感受到女人强烈的吸引力。

吸引男人的女人，不仅是那种看上去绚丽夺目的女人，也包括那种自由无拘、由内而外散发着女性能量的女人。男人总是会被她们吸引，忍不住想偷偷多看她们几眼，目送着她们摇曳的身姿远去。这种吸引力不仅是自然的，也是健康的。这是异性相吸的表现，就像在自然极性的作用下，电池中有电流在正负极之间流动一样。这没什么好害羞的。这正是为什么人要分成男人和女人。两极的存在是大自然的本质，地球的南极和北极之间有磁场存在，两性之间也有吸引力的存在。

不过，在成长过程中，有些男人由于受到某些因素的影响，形成了一种错误的认知，即认为对女性产生爱慕之情是“坏的”或“邪恶的”，所以，在面对女人的吸引时，他们总是感到不安，极力否认。虽然他们能强烈感受到女人的吸引力，却假装视而不见，充耳不闻。他们否认、谴责和抑制自己的男性本质，是不诚实的，也是一种恐惧的表现，这样的行为无异于在精神上阉割了自己。

实际上，女性的吸引力，或者说男人喜欢女人，不仅是自然的、正常的，而且是美丽的，它是引导你最终寻求精神自由的那种吸引力的一个方面。

你对女人的向往也体现了你对令人愉悦的合一性的向往。你坦白这种欲望，也是在坦白自己想要拥抱生活的欲望。拥抱生活，与处于对立面的事物合为一体（包括异性相吸），在爱中实现统一，在统一中得到放松，是为精神自由。最终你会意识到，所有欲望都是你想要给予爱的本能冲动的体现。女性对你的吸引力自始至终都是你内心意愿的表现，是你对爱和合一性的渴望的表现。

如果你是一个真正的男人，那么你会喜欢任何散发着女性魅力的人。女人的美貌、身材、风情等都对你具有天然的吸引力。你有可能在一天当中从许多女性身上感受到她们对自己的吸引力。享受它吧。女人是生命赐给你的至上幸福！而这种幸福也会以非生命的形式体现，比如，一个郁郁葱葱的热带小岛、一杯冰啤酒或者你最喜欢的歌曲……这些都是具有女性能量的事物。它们会令你放松下来，令你心动，令你振奋，令你狂喜，让你暂时摆脱理性而回归感性。实际上，我们对于性吸引力的认同，甚至于对音乐和某个地点的认同，都源自我们感受感官乐趣的能力。

然而，性吸引力和发生性关系之间有着很大的不同。与女人发生亲密关系，与单纯感受到女性魅力的吸引是完全不同的。亲密关系是两个彼此相爱、想要为对方付出的人的有意选择，而吸引力不是人为选择的结果，它是异性之间互相吸引自然产生的结果，随时都可能发生。当一个女人处于放松状态，散发着女性魅力时，她宛如动人的音乐，或者一缕拂过海面的和煦清风，你只需欣赏便能感受到那无言的乐趣。

如果你和大多数男人一样，遇到一个魅力四射的女人，你可能会兴奋好几个小时，甚至好几天。请记住，由她激起的你的欲望本身是一种珍贵的赐予。但在这欲望的驱使下追求她完全是另一回事，它取决于你的行动是否确实适合你们二人。但是，注视一个散发魅力的女人所产生的愉悦本身就是生命给予你的礼物，这是来自女性的馈赠。

下次再遇到令你心动的女人时，请你放松下来，享受这种感觉。让她的女性魅力波浪一般穿过你的身体，又仿佛深层按摩令你无比舒适。不要抗拒她的美丽带给你的愉悦，深呼吸，让这种愉悦贯穿你的全身，直到身体的每一个部位。不要盯着她，甚至不要与她有任何接触。你看到她时，感受到了她给你的吸引力，让这种吸引力自由贯穿你的身体。学会放大和保持你的欲望，充分调动你的身体和呼吸。凝望她，她是生命的美好馈赠。

不要指望女人既风姿绰约，又理智冷静

凡事不能两全，你不能一方面希望自己的女人风姿绰约、步步生莲，一方面又想让她理智冷静、有逻辑性。如果你喜欢她千娇百媚的温柔，就要有能力承受她爱抱怨地喋喋不休。

也许你最初觉得某个女人很迷人，后来却发现她在某些方面令你难以接受：她看上去千娇百媚，但也有点“不着调”，甚至神经兮兮，总是此一时彼一时。不过，虽然她的情绪波动很大，令你烦不胜烦，但她巧笑倩兮、美目盼兮的举手投足，却能让你心旌荡漾。当然，也许你还交往过这样的女人，她通情达理，值得信任，与她谈话时感觉很舒服，你可能会爱上她，但是时间长了，你会发现她不像第一种女人那样顾盼生姿、风姿绰约，令你梦牵魂绕。

“为什么令我心动的女人不能像男人那样更靠谱一些呢？”许多男人问道。他们似乎不明白，对于具有男性特质的男人来说，正是女人身上和男人反差最大的方面才会令他们怦然心动，充满欲望。她们身

上的女性光芒，不管是举手投足间的含情脉脉、袅袅婷婷，还是心血来潮时的明眸善睐、神秘莫测时的千娇百媚，都会对你产生强烈的吸引力，更不要说她们那令你心醉神迷的回眸一笑了。越是娇柔妩媚的女人越感性，她们绝不会像男人那样有一颗充满理性的大脑，比如，她们善于表达当下的感受，却很难表达自己的想法和愿望。

一个具有更多女性特质的女人，可能在某一刻对你说她爱你，但是在你做了某些事情（你甚至对此浑然不知）以后，她却会说她恨你。这正是女人感性的地方，也是她们迷人的地方。对于女性而言，男性由语言和行动构成的条条框框是无关紧要的，两性关系的起伏和情绪的变化才是更要紧的。感谢上天造出这样的女人吧，她们的情感如同海洋般深不可测，充满神秘，这是很正常的。

两性关系中，互补才能相吸。所以，如果你具备更多的女性特质，那么你会被更具有男性特质的女人吸引。你很可能对这样的组合方式并不陌生：男人更加活泼而富于魅力，而女人具备更多把控生活方向的能力；男人更在意这段感情，而女人喜欢在大部分时间独处。这些都是男人具备更多女性特质，而女人具备更多男性特质的表现。

具有更多中性特征的男人更喜欢同样具有中性特征的女人，即他们既不男性化，也不女性化。这样的伴侣可以无话不谈，而且他们喜欢就各种话题进行交流。他们彼此分享爱好、朋友甚至事业目标。尽管他们彼此相爱，但是不像互补性强的伴侣之间具有强烈的性吸引力。他们很少冲对方大嚷大叫，互相丢枕头甚至扭打成一团，也很少有“性趣”时立刻付诸行动的情况。

在这个世界上，只有大概 10% 的夫妻是真正意义上属于中性或均衡类型；还有 10% 的伴侣中，女性偏向男性化，而男性偏向女性化。如果你属于剩下的 80%，那么你具有的是男性特质，而你的伴侣则是女性特质。那就是说，她那女性化的做事方式会让你感到挫败、发疯，也会对你产生魅力和性吸引力。

对两性关系错误的中性化处理，或者说消除其中本来存在的吸引力，是伴侣分手的主要原因之一。性爱那令人心旷神怡的力量减弱了，而令你们不快的一切事物都没有丝毫改变。解决办法不是改变你的伴侣令你恼怒的行事方式，而是让她宝贵的女性特质发扬光大，给你们的关系带来生机。

如果你和大部分男人一样，你可能也麻木到了只注意伴侣身上最令你烦恼的方面，而不怎么欣赏她的女性魅力了。比如，你渐渐不再把她的话太当回事，所以也就不再为她疯狂了。也许你会装出一副仔细倾听她说话的样子，但是你很讨厌她那无休止地的唠叨；也许你还会每天例行公事般地和她亲热一下，你实际上并不想这样做，只是为了不让她更贪心地纠缠下去而已。

以上做法是不对的。**无论是身体方面还是心灵方面，女性都是爱、灵感和力量的无尽源泉**，具有女性特质的女人与大自然有更多的相通之处，大部分男性在这方面并不具备这种特点。也许在男人看来，她们看似变幻莫测甚至缺乏责任感，但是在造物主看来，她们就是感性的存在，不需要像男人那样靠理性来掌控世界。

娇柔妩媚的女人能够尽情感受大自然生机勃勃的气息，而男人不一定做得到。她们能够被大多数男人意识不到的能量所驱使。她们任由身体完全听从心灵的召唤，被爱打动，被生活本身打动，这也是男人非常看重的一点。女人在享受身体的愉悦时尽情绽放自己，这是大部分男人乐于见到的最动人的画面之一。

为了看到这样的香艳场景，男人甚至不惜掏腰包，即使它并不是真实的，比如看情色电影。在我们的世俗文化中，大多数男人只知道性的愉悦，然而在更注重精神层面的文化中，男人在欣赏女性身体时会怀着一种敬畏心理，同时女性不仅能表达身体的愉悦，也能表达精神世界的喜悦。

以印度的庙堂舞者为例，女性在很小的年纪接受训练，将舞蹈技巧与内心的虔诚相结合，她们在舞蹈中响应神灵的感召，舒展自己的身体，让许多男性观众在内心深处被感动，甚至流下泪水。具有女性特质的女人，无论身体还是精神方面都具有能量。对她们而言，性和精神是相通的。如果对方是一个很棒的男人，那么她在身体上的奉献和在精神上的皈依是同样虔诚的。她身体的每一处都充分打开，神圣的爱之力量进入身体深处，她曼妙起伏的身姿仪态万千。

具有更多男性或中性特质的女人则较少运用如此自由的肢体表达。然而，正是女性的这种表达愉悦的方式让男性得以暂时脱离他那思绪纷扰的世界，享受从身体直达心灵的美好时刻。千百年来，男性迷恋于借助女性体现的愉悦表达，它可以发生在神圣的庙宇中，也可以是更加世俗的场合，比如脱衣舞夜总会。在这些场合中，女性被切切实实地崇拜着。男人一改常态，对在他们面前婀娜起舞的女神大声欢呼。在最高潮的时刻，情色和精神层面都同时达到了极致。曲终人散之际，女性魅力的美好力量仍令他们心潮澎湃、不能自已。这是女性化形式以及女性的独特禀赋之一。

具有女性特质的女人，会让你感受到她无所不在的魅力。她惯于改变主意。她对两人关系中的细微变化有着远比你敏锐的感受。她能让身体以极其自由和美妙的方式舒展，无论你是在享受情欲还是精神方面，你都会为此感到愉悦和赞叹。

凡事不能两全，你不能一方面希望女人理智冷静、有逻辑性，而另一方面身体时刻散发出爱和魅力，给你的身心带来能量。如果她想，她当然可以激发以理性为特征的男性能量，但是，如果她的本质特征是女性化的，那么她不需要什么理性，无论开心还是不开心，她都更想通过舞动身体来表达。

所以，请选择能与你形成互补的女人作为伴侣。对于大多数男人来说，这指的是具有更多女性特质的女人。阳刚男人所需要的，只有温柔的女人才能给予。然而给予的同时，随之而来的还会有令大部分男人心怵的琐事纷扰，以及女人的坏脾气。你要意识到，这也是吸引你的能量的另一方面。事实上，如果你喜欢她性感的呢喃，也能做到喜欢她生气时的表现。你的这种能力对她来说是一种美好的礼物。无论她处于什么样的情绪之中，你都要尽量不受其影响，不能心怀厌恶地一走了之。你要面对她的情绪，坚定有力地走上前去，透过那暴风骤雨般的坏情绪去爱她，接纳她完整的女性特质，包括美好的，以及不太美好的部分。

只有伴侣在身体上接纳你，你才能从这段亲密关系中获得幸福。而你只有理解和接纳伴侣身上的所有特点，你们的关系才能发展下去。具备所需的技巧和能力不是一日之功，但是在这个过程中，你将更加勇于面对来自女性的力量和纷扰，也将为你的伴侣和这个世界奉上你更多的禀赋和力量。

不要把你心爱的女人当成事业上的炮灰

> 女性本身是复杂多特质的，她是多面体、综合体，你注重她的哪种特质要看你和她是什么关系。如果你想和她一起做生意，你应该找精通财务、可信赖，遇到困难时能够坚持不懈的女性；如果你想和她成为知己，你应该找诚实、善良、幽默、大方，能够尊重别人的女性；如果你想和她成为终身伴侣，你应该注重她的女性魅力和对你的真挚感情。

如果你要求你的伴侣集各种优点于一身，那注定会失望。在商界大显神通的女性，很大程度上具有男性化的特征，她们果断，睿智，运筹帷幄；普通男女朋友之间的友情是中性的，不具备明显的性别特征；而性吸引力要求你和伴侣必须分别具有鲜明强烈的男性特质和女性特质。如果你没有明确一段关系的目的，没有进行权衡取舍，不同的能量就会相互冲突抵消，那么生意合作必定不会一帆风顺，友谊的小船肯定说翻就翻，你的伴侣肯定会逐渐失去对你的性吸引力。

所以，在与女性建立关系之前，你首先要明确你想让她成为你在哪个领域的合作者，是事业、友情，还是爱情？你从中选择其一作为重点，让其他活动围绕你的主要目的来进行，就不会出现彼此冲突，从而让你在女人的世界中如鱼得水。如果你不确定哪种最重要，冲突就会产生。也许当她迫切想成为你的恋人时，你却想让她成为你事业上的好伙伴；当她想把你当成蓝颜知己、一诉衷肠时，你却想与她做爱……所以，爱需要专一，也需要精确定位。你不能要求你心爱的女人一方面千娇百媚，另一方面又杀伐决断、敢作敢当。如果你试图与生意上的女性合伙人发生暧昧的性关系，那么，不管是在事业还是爱情上，你都将蒙上阴影。同样，如果你想让你心爱的女人帮你在事业上打拼，那么你多半会抹杀她的女性特质，把她当成了炮灰，结果彼此内心的真实愿望都没有实现，你们的关系也变得机械和缺乏激情。

随着时间的流逝，你们之间的性吸引力会变弱。你开始关注别的女人，想从她们的女性魅力中获得愉悦；你的伴侣也曾给过你这种愉悦，但是你渐渐无视了它，因为你不清楚自己的最主要目的，要求伴侣符合你所有的期望：一会儿是你的生意伙伴，一会儿是你的朋友，一会儿是你的爱人。最终，你们的关系因为缺乏重点而变得面目不清，促使你们开始在一起的那种吸引力也会消失殆尽。

在历史上的某些阶段和文化中，男人可以拥有多个伴侣，她们按照各自特点发挥不同的作用，以及性方面的能量。现在尽管有些男人也有情人，在不同的方面满足自己，但是一夫多妻制早已废除。

如果你希望亲密关系能够满足你的多个需求，那么它就会带上功利主义的色彩。如果你们的话题总是围绕金钱、工作、家庭和孩子，你会把你的伴侣变成缺乏吸引力的同伴。你们彼此过于熟悉，情欲的吸引力就会消失，做爱就变成例行公事的过程：亲吻、爱抚、舔舐、缠绵、激情消退，如是而已。你开始渴望重温伴侣曾带给你的强烈欲望，昔日的神秘感被今日生活的琐碎所取代，激情消退，只剩平淡的对话。

然而，如果你具有强烈的男性特质，你还是需要女性魅力经常给你带来新鲜感的，否则，你会感到厌倦，不堪生活的重负。为了获得这种女性能量，让自己焕发活力，你可能会喝几杯啤酒、打几场高尔夫球，或者看一些情色杂志，或者你想要长时间的按摩，或者在海滩上漫步。虽然这些能让你得到暂时的放松，脸上露出笑意，但是很少能像你的女人在因性爱绽放时流露出的魅惑和性感那样唤醒你的身心，给你无限的满足。

只有你自己才能决定你的亲密关系中最重要的是什么，只有你自己才能弄清自己到底想要从这段关系中得到什么。如果你想从中获得爱的深情传递，从情欲释放中获得抚慰，共同实现精神的觉醒并获得心灵的成长，那你就要注意了。你的女人不是你随叫随到的会计，不要期望她总能像专业的咨询师那样帮你解决财务问题。不要只关注日常琐事，而日复一日地忽略用身体传达爱意。不要迫使她把自己丰沛的女性能量只用于扮演一个个功能性的角色。你的女人拥有唤醒你的心灵、为你的身体注入活力的能力。然而你必须给她机会，还要以男性的方式向她传递你全部的爱。

如果你希望你的女人成为你灵魂和情欲的双重伴侣，而不是和你仅仅住在同一屋檐下，同床异梦，那么，你必须娴熟地处理好生活和家庭事宜，保证你们之间联系的纽带不会松动。她可以是你孩子的母亲或你的商业伙伴，只要这些角色不会影响你的主要目的：坚定不移地彼此相爱，从而获得心灵的启迪，以及通过身体的吸引传递爱意，唤醒彼此的内心。

当爱的两个方面——以身体传达爱意和唤醒心灵——被日常事务淹没时，你们都将通过别的渠道来唤醒自己、成就自己。你可能会通过锻炼出六块腹肌或找一个情人来寻求抚慰，而你的女人会通过投身于某种社会事业或从事某种男性化的职业来成就自己。你们的关系会成为一种出于良好动机的分工合作关系。也许这正是你想要的，也许不是。无论是哪种情况，如果你想维持亲密关系，并且让它对你们产生最大助益，你必须知道你看重的是什么，你想从这段关系中得到什么，并且以此为核心安排其他所有活动。

花心是男人的本性，
但自律是男人的生命

> 男人即便再深爱自己的伴侣，对她忠贞不贰，但在荷尔蒙的作用下，也难免会对其他女人产生想法，这是很自然的。
>
> 花心是男人的本性，但自律是男人的生命。自律，意味着从本能驱使的状态中走出来，跃升为人的状态。对本能的不服从，则是理性的开始。如果男人缺乏自律，屈服于自己的本性，让欲望肆意流淌，尽管能得到暂时的新鲜和快感，但往往会把自己的生活搞得一团糟，得不偿失。

即使你全心全意地爱着自己的女人，也可能还想招蜂引蝶；即使你们之间的欢爱能完全让你满足，你可能还是想和其他女人亲热。你的这种欲望并不是因为你对自己的女人不满意，感到有所缺憾，而是反映了男性的本质。从生物学角度看，性在男性大脑中所占的比例可达 35%，而在女性大脑中只占 2%，所以，男人比女人的性冲动强烈得多。男人始终保有原始的雄性激素，他们有太多的躁动和不安，始终有着原始的觅偶冲动。

可以说，花心是男人的本性，但并不意味着它就是恰当的，也不意味我们要顺应它，无法做出改变。在原始社会时，随地大小便，同样是我们的自然本性，但大家都知道，只有超越了这一本性，我们才算步入文明社会。与原始人相比，现代人已经发生了许多变化，这说明我们完全可以在一定程度上，违背与生俱来的本性，发展新的天性。人之为人，或许就在于我们可以改变本性、超越本性。

所以，尽管花心是男人的本性，但这并不是滥交的理由。就像电视节目再好看，你也不能因此把自己变成一个肥硕的“沙发土豆”。如果想始终保持道德上的纯洁无瑕，由一名男人进化为高级男人，你就必须对欲望的源泉加以区分，这样你就能在万花丛中把持自我、保持理性，知道何时需要约束自己的行为，不会为任何人带来麻烦。

不可否认，有的男人就是想要和伴侣之外的女性发生关系，他们屈服于自己最原始的本性，但是高级男人能够自律，不断进化。他们进化的动力源自他们的目的。如果一个男人的目的是不计后果地享受肉体的欢愉，那么他当然会处处留情。如果他的目的是让自己和别人都能畅享生命中的爱与自由，那么他就要严格自律。

我们必须意识到：自律并不是自我抑制。抑制指的是你抗拒和压抑自己的欲望，尽量让这欲望偃旗息鼓、不留痕迹。自律指的是让你最高层次的欲望占据上风，较低层次的欲望处于下风，但不是通过对抗，而是在理解和认同的基础上做到这一点。

你想和多少女人发生关系是你的事。但是在这之前，你要想清楚自己的目的，不要因为新鲜的性对你有着莫大的诱惑力，就放弃了你的最高使命。何况你的精力毕竟是有限的，如果你连一个女人都搞不定，没有与她进行深层次的沟通，激发出激情，获得心灵的愉悦，你凭什么去搞定其他女人呢？高级男人不会到处挖井，他们会在一口井中，默默汲取生命的甘泉，让生命进入更高的层次。

学会欣赏女人，
而不是占有女人

> 任何美的东西都能给人带来赏心悦目的感受，美女也是如此。她们青春，她们漂亮，她们有朝气，她们时尚。对待美女，我们不能狭义地限定在情欲方面，以占有为目的，而是要学会欣赏。

男人是视觉动物，只要面前出现年轻漂亮的女人，无不瞳孔放大、两眼放光、目不转睛。就好比一天晚上，你开车送十八岁的保姆回家。她是那么清新、懵懂，充满活力。你能感受到她对你是完全不设防的，她让你心神激荡。你注视她焕发着青春光彩的皮肤、清澈的眼睛和纯美的笑容。她的一颦一笑让你心生愉悦，充满活力。车开到了她家，她道了一声晚安，下车回家。你在车里呆坐一阵，慢慢而又深深地呼吸着，脸上溢满笑容。

妙龄女子没有饱经多少岁月的风霜，没有出于自我保护而披上经年形成的坚硬铠甲，她们通常意味着魅力四射，充满了令人心醉的女性能量。

与年轻女性在一起会带来一种独特的感受，阳刚的男人都能感觉到它。人人都喜欢美好的事物，任何美的东西都能给人带来赏心悦目的感受，美女更是如此。对年轻的女人来说，男人哪怕只是在边上静静欣赏就已经是巨大的欣慰了。年轻女性身上有一种巨大的治愈力，能够抚平男人受伤的心灵，使其重新振作。只要坐在她们身边就足以让你感到幸福，充满活力。你们之间没有任何共同点，但这并不重要，因为是来自她的能量让你愉快和兴奋。

清水出芙蓉、朝气蓬勃的女性力量让你振奋，并且敞开心扉。当身边有年轻女性时，你会感到更快乐。你更加精力旺盛，充满活力，心中的爱被唤醒。在我们的文化中，女性随着年龄的增长，她们一般会承担更多的男性化的任务和责任，这会消减她们的魅力。而在有的文化中不完全是这样的情形，女性的魅力会与日俱增。即使在后者这种更理性的文化里，也会认为年轻女性能带来一种清新、纯洁和令人振奋的特殊能量。

她们青春，她们漂亮，她们有朝气，她们时尚，而这些东西是年纪大的女人所无法比拟的。在我们的文化中，这种年轻女性的能量被狭义地限定在情欲方面，实际上它是一种从整个身体散发出来的能量，能让人的感官和心灵都产生愉悦。在一些文化中，年轻女性受到推崇，因为她们能够让精神焕发活力。她们在圣地表演圣洁的艺术，而不仅是在情色盛宴中供人玩赏。作为男人，你有责任尊重年轻女性这种给心灵注入活力的禀赋，你不能把你的情欲施加在对方身上而亵渎这份尊重。

美色直接挑动欲求，激发占有欲，而魅力则是强烈地被打动，意味着欣赏的目光。如果你被一个年轻女人深深打动了，你会在呼吸时吸入她芳香的气息，以及她的能量。你的身体因她的存在而放松，你打开了心扉。让她的美钻进你身体里的每一个毛孔里，对她的爱慕在你心中流淌。保持一定的克制，让她能够不受你的影响，自由地发挥自己的天赋。将她传递给你的能量再传给其他人，让你身边的人都感受到生命的活力和美好的情感。

女人都是有温度的，你喜欢偏冷的还是偏热的

> 女人有着不同的温度，有的偏热，有的偏冷。一般来说，金发、白皮肤的女性，以及日本和中国女性偏冷。肤色偏深或棕、红发女性，以及韩国和波利尼西亚的女性更为热辣。
>
> 不同温度的女人给男人带来不一样的感受。
>
> 即便一个男人会有意与一个女人保持亲密关系，他对于女性能量温度的需求也会随着时间的推移发生变化。曾经令他意乱情迷的热辣女人，可能现在让他烦躁不安。几年前曾抚慰了他心灵的冷静女人，现在可能令他心生厌倦。男人如果明白不同温度的女性能量会给他带来怎样的影响，就能在生活中更加游刃有余。

男人在喜欢女人方面，表现出不同的“口味”。有的喜欢金发女人，有的对红头发的女人特别有感觉。男人的特定偏好是许多原因形成的，包括童年经历、文化影响，甚至基因。

决定男性“口味”的其中一个因素是，不同的女人具有不同的温

度，所以影响也就不同。

有的女性是偏冷的，她们就像炎炎夏日里的一杯冰茶那样沁人心脾。就像你在形容女性的时候，会说某个女人是“冷冰冰的金发女郎”或者有着“冰蓝的眼睛”。

有的女性是偏热的。她们热情似火，感情强烈，性情多变。言及这类女性时，你可能会采用“一头火红的头发”或一个“热血沸腾的拉丁女郎”这样的表达。

当然了，并非所有的红发或拉丁女郎都热情似火，也不是所有的金发女郎都冷若冰霜，但这足以证明女人确实是有“温度”的。而且，大部分男人能依靠强烈的直觉区分不同女人的温度（虽然不是所有男人都将其称为“直觉”），他知道哪个女人能抚慰他的心灵，哪个女人能点燃他的热情。男性对于女性偏好的变化与这种直觉的差别是大有关系的。

决定男性“口味”的，除了心理偏好，能量也起到很大作用。有时你和一个非常美丽的女人在一起，但你们之间并不会发生关系。你知道她很漂亮，也知道为什么你的朋友觉得她很有吸引力，但是她就是不适合你的口味。不同女性携带的女性能量也是不同的，其中显而易见的区别就是冷和热之间的区别。

为了更好地理解这一点，可以拿男人和食物之间的关系来举例。有人喜欢墨西哥辣椒或麻辣的四川菜，而有人更喜欢清淡温和的食物，比如沙拉、糖果或牛奶。任何人对食物的口味都会随着时间而发生变化。男人对女性能量的需求也是一样的道理。

如果你是一个特别随和的人，情绪很难被调动，那么一个热辣的女人也许更适合你。她如火的热情能够感染你、推动你。如果你本身性子很急，一个冷静的女人更能抚慰你，让你的身心达到平衡。

考虑到你的身体状况、生活方式、工作要求以及情感状态，你在不同时期可能需要不同类型的女性能量。重要的是，你要知道其中的差别，才能明白自己该做什么样的选择，以及它将怎样影响你。

如果你不知道你自己对女性能量的需求是如何变化的，就可能对自己目前的亲密关系产生怀疑。当你的生活看似枯燥无味时，你可能会被一个热辣的女人吸引。她会带给你目前缺少的热情。如果你的生活充满了挑战，你已感到筋疲力尽，再来一个热辣的女人可能会让你吃不消，而一个能够温柔地注视和抚慰你的女人会让你更感兴趣。

假如你的妻子是一个热辣的女人。一直以来，你沉醉于她的浓情，也领教过她的怒火，她在你们亲热时的主动回应也令你非常高兴。然而你的事业发生了变动，你需要整日工作，与别人打交道，事事被紧催。你每周要工作五十个小时，疲于应付别人的发难和阻力。你整日苦干，还有人紧紧盯着你。你生活在水深火热中，就好像在一个高压锅里一样。

一回到家，你性感的妻子立刻黏上来，用身体引逗着你，希望得到你的回应。但你想放松一下。你对她说你需要休息几分钟，于是她换上健身服去做SPA，锻炼她那柔软的身体。这时候她最好的朋友前来拜访，你打开门请她进来。她的举手投足不像你的妻子那样风风火火，而是令你感到很舒服、很放松，虽然她不是那种通常吸引你的女人。

这个女人的声音令你神清气爽。她看出你很累，而因为你们认识很多年了，彼此熟悉，她问你是否允许她给你按摩一下肩膀。她把手放在你的肩上，甚至还没开始按，你就已经感受到一股清爽的、令人振奋的能量传递到你的身体里。你如释重负地舒了一口气。按摩很快就结束了，她也要离开，改天再来看你的妻子。

你的妻子回来了。她精神得要命，在屋子里蹦来蹦去，做这做那。得知你没让她的朋友留下来等她，她还吼了你。然后她看出你很累，于是道歉并深情地亲吻你。她的手迅速探到了你的下体，而此时她的朋友还在你的脑海里挥之不去，你回味着她那令你振奋的能量，想知道自己接下来要怎么做才好。

你应该这么做：搞清楚眼下的状况。你曾经非常喜欢妻子的热辣性情，但你现在整日因工作焦头烂额，需要一股清泉般的抚慰。这并不是说你要结束自己的婚姻，也不是说你要和她冷静如水的朋友发生关系，你要做的是找到一种方法让自己的生活恢复平衡。

你可以改吃更为清淡的食物。你可以让身体保持凉爽，在太阳底下时戴上帽子，穿更加轻便透气的衣服。你可以沿水边散步，让一天的烦闷一扫而光，让自己神清气爽。或者你可以从女性那里直接获得这种让你沉静的衡量，即便不和对方发生关系。

你可以专门去做按摩，选一位沉静的女士为你按摩。有时候你需要的只是与这样一位女性同处一室，一小段时间就够了。无论如何，你要知道，在生命的不同阶段，你需要不同的能量，这一点很重要。你要逐渐学会如何应对自己的需求。还有一点很重要，你不能将对不同能量的需求作为结束婚姻的借口，那样做是不理智的。还有就是如果你愿意，你能在不发生关系的情况下接受不同女性的能量。

归根结底，你要自己做决定。有一种男人，如果他需要的能量发生了变化，他的妻子不具备这种能量，但是他隔壁办公室的女士具有这种能量，那么他的结局要么是绯闻，要么是离婚。另外一种男人可能会与妻子交流，让她知道自己想要什么，然后他会惊喜地发现，他的妻子非常擅长提供这种给他带来抚慰和活力的能量。

不要将你对不同能量的需求与对爱的忠诚混为一谈。前者相对容易驾驭，可能一个女按摩师或者饮食的改变就能解决问题。如果采取了过激的行动，决定离开妻子，与更吸引你的女人在一起，几个月后，你也许会吃惊地发现自己的需求又发生了变化，意识到自己做了一个极其草率的决定。

你需要某种女性能量来为你注入活力，抚慰你的伤口，让你紧绷的神经暂且放松下来。你必须自己决定要如何解决这种需求。在你的内心成长得更加自由、包容和充满爱意之前，不同女性能量带来的活力并不会产生任何本质的区别。一杯冰爽的果汁、一趟夏威夷之旅、一位可爱的红发女士，这些能让你得到暂时的心理平衡，但只有忠贞不渝的爱才能让你战胜恐惧和疏离，让你达到完全放松的状态，也是你的本真状态。谨记你的重点，并且决定要怎样做。

女人想要的，不是她说出来的

part

4

你的女人需要从你身上感受到一股强大的力量，
指引她在生活中一步步向前行进。

选择一个选择你的女人

> 在缘分的天空下，如果一个男人对一个女人用情至深，而女人没有爱的回应，这段感情注定是开不出花结不了果的。男人的执着和沉溺往往是情感的杀手，女人最反感的是男人的死缠烂打。
>
> 当然，女人的矜持有时也会让她尽管内心爱得痴迷但也要装作云淡风轻，把你视作路人甲。这时，作为男人，你要有足够的智商加情商去分辨哪种状态才是真实的她。如果确认她真的对你无感，那么别再执迷不悟了，要果断地离开，保留自己的尊严，高傲地放手，成全了她，也放过了自己，你会遇到更适合你的另一个她。

如果你觉得自己很想和某个女人在一起，但是她的世界貌似压根儿就没有你，这时的你可以从某些细节来感知她的内心。如果确定是落花有意流水无情，那么就要强迫自己潇洒地转身，自此天涯不相问。如果你有着太多不舍和不甘心，不妨请教一下你的朋友。作为旁观者，你的朋友会帮你分析这个女人到底想不想和你在一起。

如果朋友告诉你，你必须对这个女人收回情，死了心，那么请不要沉溺于无望的爱，更不要纠缠于无缘的人，让自己活得轻松些，让青春多留下些潇洒的印痕。一旦你默默走开，也许她会惊愕，会失落，想用温柔召回你。请你不要暗自欢喜，一个对你没有多少爱意的女人，你对她的痴迷终会成为她不屑的负累，你的多情反而成为你不是男子汉的证据。

对男人而言，可以为爱情惊天动地或感天动地，但男人最重要的事情是使命、目标和生活中的方向。职场血拼、商场角力、战场马革裹尸、建功立业才是男子汉顶天立地的资本。对女人而言，最重要的是亲密关系中爱的传递，是爱情中风花雪月的柔情蜜意。女人把爱情作为自己的毕生事业，终身依托，独一无二，痴情不改。如果一个女人感觉到你的阳刚睿智难敌你的深情款款，就会让她失望至极。她心中男人自有男人的风采，她需要的是你的男子汉的强势，而反感你女人般的缠绵依恋。

对一个男人来说，如果你比女人更执着于一段情感，那么这段关系不会有结果，因为在这种情况下，你们之间的角色发生了反串，你像女人一样想要更多的爱，而她像男人一样想要自由。这样一来，你在她眼里就是成不了大事的阿斗，她对你的存在必然视若无睹。这时，你千万不要歇斯底里地问她自己哪里不够好，也不要低声下气地去哀求她接受自己，这样只会使她更加看不起你，更加确认不爱你是多么明智。此时，你要学会放弃，在落泪之前转身离去。有时在爱情里，需要放爱一条生路，让彼此都如释重负。一厢情愿的爱太多，会变得没了自我。无论如何都不要弄丢了自己，作为男人，你必须有自己的事业，还必须有自己的骄傲。

女人想要的，
不是她说出来的

有时女人对男人提出要求，并不一定希望男人不折不扣地执行，往往只是想考验一下这个男人是否有自己的定力，是不是一个有主见、有担当、值得依靠的男人。这种情况下，如果男人唯命是从，只会让女人失望，甚至抓狂。男人反而一头雾水：明明是讨好取悦你，为什么却换不来半点好？男人应该明白，女人往往心口不一、言不由衷。女人有时言行不一，又希望男人能明察秋毫。女人心目中伟岸的男人不应该是爱得唯唯诺诺，而应该是爱得坚毅如山、气势磅礴！男人坚守自我的爱给予女人的是踏实、感动，给予二人世界的是琴瑟和鸣。

有这样一对夫妻，生性安静敏感的丈夫正在学习性爱瑜伽。这种瑜伽要求练习者在性爱过程中尽量控制射精，而将激发的能量用来强化脊椎，扩张胸部，改善血液循环，从而获得一种全身心淋漓尽致的高潮，而不是在性交的快感中立马将这种能量快速释放掉。此外，这种瑜伽的练习，还有助于他改变以往性交时的冷静和克制，最大限度地释放出自己的原始激情，给性生活带来更多的活力和能量。

有一天，这对夫妻驾车外出。经过一个公园时，他们心血来潮，决定在树林里的草地上来一次野外性爱。他们之前从没在家以外的地方做过爱，但是现在他们做了。“野战”的刺激使他们紧紧地彼此相拥，男人铁一般的双臂和肌肉紧绷的双腿，对女人产生了前所未有的诱惑，而女人柔软的身体蛇一般缠绕着男人，让男人血脉偾张。他们发出快乐的呻吟，怀着强烈的爱欲想要占有对方。这对他们来说，真是一个不小的突破，获得了前所未有的刺激体验。

突然，这个男人感觉到自己要射精了，“宝贝，别动，稍微停一下，”他对妻子说，“再这样下去的话，我就要射了。”

他的妻子不但没有停止身体的蠕动，而且动得更猛烈了。“我好想你射在我里面，”她恳求着，“我想让你在我的身体里播下你的种子。”

男人稍稍犹豫了一下，思想做着激烈的斗争，是坚持自己所练习的瑜伽的要求，还是满足妻子的愿望呢?

最后，作为丈夫，他认为应该无条件地听从妻子的召唤，紧密配合她，给她以最温暖的回应，使双方共同进入灵欲合一的境界，于是他射在了她的体内。此刻男人像火，快速点燃，又很快归于沉寂。

但是，当他凝望着妻子时，发现她一脸失望和沮丧。

“你怎么了？”他诧异至极。

“你射了。”她幽幽地叹道。

“是你说的想让我把种子播撒在你的身体里呀？”

“我是那么说了，但我是想知道你是不是能厉害到不那样做！”

男人一下子崩溃了，他怎么也想不明白自己宁愿违背性爱瑜伽的要求去迎合妻子，结果却让妻子感到失望。这个男人不明白，女人的情感是奇怪的，他越顺从她，越得不到她的满意。只有当她充分感受到他的强壮、坚定和不屈不挠时，她才能心满意足。实际上，当她说想让他把种子播撒在自己体内时，她真正想要的是感受他的强壮、他的能力、他的坚定。她想考验一下自己的男人，看看他究竟有多大能耐，能在多大程度上承受她身体蠕动所释放的诱惑力。如果男人不为她的话所动，继续保持强壮和克制，而不是释放，那么她就会心花怒放。相反，轻易地妥协和退让，则会让男人变得不够坚挺，失去吸引力，也会让他的女人感到失望。

生活中，女人总是用各种诱惑来试探男人，因为女人爱一个男人的终极目标是感受到男人坚定不移的爱，值得自己信任和托付，并由此获得安全感。一个有主心骨的男人才能给女人安定的感觉。坚定和毅力是男人最好的装饰品，这样的男人才是女人最强大的后盾。男人恋爱时，希望把复杂的过程弄简单，女人恋爱时则喜欢将简单的事情弄复杂，所以，女人在试探你时不会直接说出来，而是采取迂回战术，使用各种计策，并且希望你不要中计——你坚持自我本色，并且始终如一地爱着她。

可是，不够强大的男人总是对女人的言行不一头疼不已。他们会想：“为什么女人不能想要什么就直接说，偏要声东击西，让我去猜呢？”在他们的世界里，爱就是简简单单、直截了当，你提你的愿望，我竭尽全力满足你，这就是爱你宠你最有力的证明。已经事事迁就你了，你还抱怨不幸福？有这种想法的男人不会理解女人身上蕴含的纯粹女性特质——情感更丰富、更细腻、心理活动更复杂、更多变。对女人唯命是从的男人可能会让她们感动一时，但绝不会让她们深爱一世。

纯粹的男性特质是一种觉悟。高级男人在任何情况下都会具备这种全然的觉悟。如果做爱的过程中释放会损害你的完整和觉悟，削弱你的存在，那么你就不应该那样做。即使你的女人要求也不行，尤其是她说希望你那样做时。

每一天里，你的女人都会让你做各种各样的事。你不能偏离内心的方向，而要保持真实的自我。你的女人用表面的要求掩盖她真实的愿望和需求：她希望你全心全意地爱她，更希望你的爱是坚定不移的，还希望你从骨子里散发出男子汉不可动摇的决心和意志，希望你能战胜一切干扰，为她建起遮风蔽雨的港湾，这样她才感到和你在一起有着足够的安全感。

你的女人的身体里藏着一个女神。她奚落你、逗弄你、引诱你。如果你意志脆弱，轻易上了她的钓钩，放弃自己的原则和底线，变得软弱和动摇，她恨不得杀死你；如果你心中有爱，会用既聪明又坚定的方式爱她，她就会臣服于你，死心塌地地爱着你。

你要知道，当你在爱、自由和觉悟方面展现出强大的力量时，你的女人会格外欣喜，并对你倍加珍惜。如果你为了她的要求和愿望而置自己的最高理想于不顾，她会生气，会对你失望，尽管是她要求你那样做的。永远保持最完整而清醒的觉悟。对于女人的要求，永远不要来者不拒，而要运用你的智慧仔细甄别，不要违背真实的自我，即使可能会让你的女人失望。如果她感受到你在坚持自我时的力量和意志，她是不会失望的。如果她确实对真实的你感到失望，这样的女人也不值得你去珍惜。

女人有话不会直说，总是旁敲侧击泄露天机

无论女人抱怨什么，以及为什么抱怨，她都希望自己的男人永远顶天立地。

女人之所以抱怨，是因为她从男人身上看不到生活的希望和动力。她失落、惊慌、焦虑、束手无策，只能将抱怨当作发泄的唯一工具。

所以，作为男人，女人的抱怨就是生活对你拉响了警报。当警报响起时，如果你仅仅停留在她抱怨的那些具体事情上，而不能从中发现隐藏在背后的真相，找到她不满的源头，那么不管你做什么，她都不会满意，在动辄得咎和不知所措中，你很容易偏离方向。

妻子愤怒地对你说："快要交房租了，这个月的汽车贷款也没有按时付，而你又失业了，这么大的压力，你怎么能这么没心没肺地一天到晚只是看电视呢？"

“哦，别担心，倒霉的日子就快到头了，我明天就有一个面试。”

“明天，明天！今天你为什么就不能做点什么呢？几星期前就让你去打扫打扫车库，你动弹了吗？车库脏得我都无处下脚！”

“好好好，我下午就去打扫。”

妻子不再说话，忙着自己手中的活。但是此时无声胜有声，沉闷压抑的气氛使你如坐针毡，只想逃离：“我出去一趟，一会儿就回来打扫车库。”你边说边拿起外套，起身朝门外走去。

“砰！砰！”厨房里玻璃杯的碎裂声撕扯着你的耳膜，你转身走进厨房，迎接你的是妻子狰狞的面孔和歇斯底里的吼声：“我受够了，我再也受不了了！”

你一头雾水：“怎么了？我不是答应一会儿就去打扫车库嘛，我没有招惹你啊？”

“我就是受够了！”她像头发怒的狮子，远远地站在那里，尖叫着。

“我真是搞不懂。我说了我会打扫车库，我明天就有面试，一切都会好起来的。你到底想要什么？”

……

你也许对这一情景并不陌生，它曾以某种形式发生在你和你妻子之间。作为男人，你很希望带给妻子幸福，可妻子总是抱怨，你觉得烦不胜烦。你不知道自己做错了什么，也不知道怎样做才能让她满意。

其实女人口头上抱怨你的内容，并不是真正令她感到不满的事情。如果你只领会字面意思，然后逐条去做，那就大错特错了。

你不打扫车库，不做家务等等，只是她抱怨的导火索；房租和汽车贷款虽然重要，但并不是她最大的烦恼；你每天看电视，不积极去找工作，这些事情本身并不至于惹出她一身怒气。她真正不满的是你不思进取、懒洋洋的样子；她真正恐惧的是你缺乏人生规划、缺乏男人最最看重的事业心的样子；她真正失望的是你懒惰消极、缺少生活的热情和动力的样子。

这可不是她夸大其词。你说要打扫车库，可是几个星期都没有行动是什么意思？你是故意对妻子撒谎，还是暂时将它搁置一边，就像你对待生活中其他许多应该做的事情那样？你没有说到做到，没有履行自己的责任，这让你的妻子无法信任你，不能依靠你，并由此感到失望和受伤。你能因此责怪她吗？如果她不得不提醒你关于车库或面试的事情，那么她就是在为你们的生活提供男性的指引，承担你没有承担的责任，而这会导致压力。随着时间的推移，她会逐渐披上铠甲来保护自己，她变得更加坚硬，布满棱角，总是处于紧绷状态，很容易歇斯底里……

总之，你要知道她的抱怨并不是对事情本身不满意，而是对你的整个生活状态都不满意——你缺少进取心，缺少规划，缺少目标，缺少耐心，缺少行动的条理性…… 一言以蔽之，你缺少男人的魅力。

对女人来说，男人的魅力在于充满自信和理想，对事业有执着的追求。一个男人只要敢闯敢拼、不屈不挠，即使没有赚到很多钱，你的女人也不会因此而抱怨。一个男子汉要有一份自己钟爱的事业，这份事业不一定惊天动地，但一定是你很感兴趣的工作。一个在工作中享有乐趣的男人才会以阳光的状态出现在他的女人面前，带给女人对生活的享受和憧憬。

人人都喜欢正能量，谁也不愿意整天守着个消极懒惰、无所事事的爱人。从两性相吸的层面上说，散发着女性魅力、充满活力的女人会吸引你。试想，恋爱时人见人爱、花见花开的美少女，婚后变得邋里邋遢、蓬头垢面、怨天尤人，你是否还能一如当初把她视为捧在手心的宝贝？恐怕即便依旧有爱，也挡不住你从别的女人那里寻找慰藉的脚步。情同此理，当初，你的女人爱上的是整日阳光爆棚、积极进取的你，可是现在的你失业不着急，整天看电视，无所事事，虚度时日，这样的你怎么会有吸引力，怎能让她爱得起来呢？

实际上，女人对男人失望，除了抱怨，还会让她备感压力。她的身体会逐渐证明这一点。她将不像以前那样光彩照人、轻松自如，因为她在为你的失败付出代价。最终这些代价统统会反映在她的眼袋和皱纹中。如果在你看来，她越来越“不顺眼”，“毛病”也越来越多，其实这恰恰是你的生活方式在她身体上的反映，而这些反映可以是非常微妙和敏感的，你要全力去发现。

所以，女人的容颜反映了男人的状况，男人应该为女人的容颜负责。

如果你条理清晰，诚实守信，有方向感，有存在感，那么你散发出来的男性魅力就会强烈地吸引她，让她感到放松。如果你是一个有追求、有魅力的男人，并且能够让妻子感受到你对她的爱，那么你对妻子说：“我想放松一下，看一会儿电视。”你的妻子是完全不会抱怨的。

高级男人明白，女人有话不会直接说，总是通过旁敲侧击的方式泄露天机。他们在面对自己女人的抱怨时，会把它当圣旨去聆听，虔诚而庄重，但不会当圣旨去执行，因为她的抱怨并没有实质内容，真正不满的源头在于你自己都没有意识到的习惯，这些习惯在阻碍你获得完全而清醒的认识。你的无知无觉和无动于衷令她烦恼，她并没有直说，但她就是那个意思。

她抱怨时，你就当茫茫宇宙正在向你发送关于你的机密，你要有能力做出正确的理解和翻译。此时此刻，是不是还有比看电视更应该做的事呢？有时候你确实需要娱乐一下，但有时候你仅仅是在偷懒，将生命中的责任置诸脑后。

其实女人要的并不多，只是从前的你不懂得如何给予。今后的你可以失败，但不可以自暴自弃，要学会忍耐与坚强，再累也要去跋涉，再苦也要去闯荡，再难也要去拼搏，这样才能真正赢得爱人的尊重和心疼。那些险滩与旋涡，都是男子汉必经的风景。

对于爱人的抱怨不必气恼，不要记恨，因为每次抱怨都成为你人生的一次成长。在爱人不断的抱怨声里，你会变得越来越成熟。感谢这个爱你的人，她是你成长过程中的天使。

男人要把自己的女人放在心上，然后再去闯荡世界

有时候，女人最大的愿望就是希望男人把她当成世界的中心，一旦她如愿以偿，又会觉得这个男人整天围着自己转，不去追求自己的事业，格局实在太小。她会因为男人把全部幸福都依附在自己身上而感到窒息。

面对如此矛盾的女人，男人常常不知所措：自己究竟是应该致力于人生的最高目标，去闯荡世界呢，还是留在她的身边，把她当成自己的世界？

高级男人的做法是，把自己的女人放在心上，然后再去闯荡世界。不管他的世界有多大，心中都有自己的女人。不管他走到哪里，他的女人都能感受到他的爱，始终信任他、支持他，深深爱着他。

假设一个男人即将奔赴前线，临行时刻与自己的女人拥抱告别。她眼中溢满泪水，恳求说："亲爱的，不要离开我。"

“亲爱的，我必须走，你知道的。”他的声音柔和而坚定。他们彼此深情地凝视着。

“我爱你，你知道的。”他心中有着万般不舍。

“是的，我知道。我知道你爱我，我也知道你必须走。”她再也抑制不住，任凭泪珠滚滚，心碎欲绝。

他转身走向门口，走向自己的生命目标。他的女人，内心充满了悲伤和骄傲，望着他离去。

这煽情的一幕揭示了两性感情世界的一个典型现象：虽然女人渴望在你心目中占据至高无上的地位，但如果她输给的是你的人生最高目标，她反而更加信任你、崇拜你、深爱你。

女人都希望自己的男人生命中最核心的事情是他的最高目标，而不是情感关系。假如上面一幕中，男人被女人的伤感和眼泪所感染，改变了自己的决定：“好吧，亲爱的，你就是我的生命，对我来说，你比什么都重要，我决定不走了，留在你身边。”这也许会带给女人瞬间的喜悦，但随之而来的更多的是她对他的失望和轻视。当男人离开家门去完成他的历史使命时，她会因离别而痛苦，她希望他能够留在自己身边，但是她的内心清楚地知道，他是男人，所以他必须去。男人来到这个世界上，就是为生存而战，为理想而奋斗，就应该朝着心中的目标前进，百折不挠。

如果一个女人成了你生活的重心，你就偏离了方向。作为男人，当你想要施展自己的才华、实现自己的最高目标时，必然有一股来自内心深处的力量在驱动着你。如果你向女人表面的情感妥协，放弃自己的目标，你就会失去这股驱动力量。你感觉自己是在被迫做出决定，而不是在更深层次的目标召唤下做出决定。这样一来，你的人生注定会碌碌无为，你可能会成为公司里的无名小卒，或者胸无大志的丈夫和父亲，而忘掉自己当初的伟大梦想。

男人无论何时都不能被数不清的细小责任磨灭心中的目标和事业。你有陪伴妻子的责任，你必须履行对家庭的义务，你还需要对朋友和工作负责，但是，你的这些责任并不是你来到这个世界最根本的目的，你的人生也不能由这些责任堆砌而成，你必须去追求属于自己的生活，走自己应该走的路。当然，如果你完全放弃追求真实的自我，每天只想做一些日常琐事，间或看看电视或草草来一场性爱作为调剂，那么日子很容易打发过去。只有当你从内心深处出发，认真经营这些关系时，你才能成为更高层次上的成功人士、伟大父亲、杰出伴侣和良师益友。如果你缺乏发掘自己内心意愿的能力，没有勇气根据内心意愿去生活，那么你只能敷衍应付自己应该承担的角色，不可能做到辉煌极致。

如果你不能从内心出发用心生活，不能充分发挥自己的天赋，一味地沉湎于电视、杂志甚至赌博中，你周围的人就会觉得你缺乏真正的目标。你的孩子会怀疑你的权威；你的同事会利用你；你的朋友不会对你寄予厚望；你的妻子也不会信任你，她会因为你活得如此平庸、如此浑浑噩噩而心生厌恶，她厌恶你的意志薄弱。

很多时候，你的妻子貌似想成为你生活的中心，其实完全不是这样。事实上，她希望你明白你自己生活的中心，然后顺从内心，按照你生活的中心去拼搏，这样她才能信任你。即使你为了实现自己的目标而必须暂时离开她的温柔乡，只要你的目标是真实而有意义的，比如义无反顾地奔赴战场，她也会信任你、挚爱你。

如果你发现了源自内心的目标，也在围绕这一目标而奋斗，你的伴侣就会感受到你做出的选择是真实可靠的。尽管她可能不会总是喜欢你的选择，但她会支持你，而且会因为你有勇气活出真正的自我而更加爱你。她愿意放松下来并信任你，即便你有时喜欢看电视、看杂志、不时地小赌一下，她也会原谅和放纵你一下，因为她知道这些只是你忙碌生活中的小调节，不是你生活的中心或决定因素，她也知道你永远不会违背你生命中的最高目标。

如果你现在令她失望，你过去表现再好也会被一笔勾销

> 假如有一个男人，过去十年都做得非常完美，现在仅仅有那么半分钟表现得像个混蛋，那么他的女人就会觉得他一直是个混蛋。女人只关注当下的感受，而将男人一直以来的表现置诸脑后。所以，不管男人过去有多少丰功伟绩，如果此刻令你的女人失望，那么你过去的一切也会被一笔勾销。

辛苦了一天，你带着渴望卸下盔甲好好放松一下的心情进了家门：“对不起，我回来晚了。今天累死我了！”你本想得到妻子几句抚慰的话语，不料，回敬你的是她的怒吼：“说好的约会呢！”你突然醒悟，原来你忘记了今天晚上你们还要和另一对夫妇共进晚餐，但现在已经来不及了。

“亲爱的，对不起，我已经很长时间没有晚回家了，今天确实走不开。别生气了啊，今天真的不是故意的，我以前可从没忘记过赴约哟。”

“过去没忘记有什么用，重要的是你今天忘了啊。”

你企图用过去的优越表现来熄灭她此刻的怒火是徒劳的。对女人而言，过去的已经过去了，时光无法倒流，此时此刻的感受才是最重要的。如果你此刻令她失望，你过去表现得再优异也会被一笔勾销。与此刻你的过错带给她的愤怒相比，你过去的成绩不足挂齿。

对男性而言，如果他人过去一直表现得很好，偶尔犯个小错，原谅和忘记是轻而易举的事。毕竟人非圣贤，孰能无过。只有那些一而再再而三食言的人，才会让人义愤填膺。如果对方一直诚实守信，即使犯了比较严重的错，获得谅解和宽恕也并非难事，因为你知道他的确一直都做得很好，而这个错误只是一个例外。

但对女人而言，过去跟现在是完全不相干的。五小时情意绵绵的美好时光里，你无意中的一句失言，一切就前功尽弃，你的女人会因此崩溃，就好像你整个相聚过程中一直都在犯错一样。

如果你一直表现很优秀，而她因为你一个小小的错误而生气甚至指责你，你不要反复用过去的优秀表现来为今天的失误开脱，更不要予以还击。你要做的只能是立刻转移她的视线，要想方设法让她立刻开心起来。你要用你的爱打动她。用你的幽默让她转怒为喜，甚至是开怀大笑。亲吻她，或者假装自己是大力士把她抱起来。用某种充满爱意的方式给她惊喜，让她的不良情绪消失。这样一来，你此刻的失误就像你一直以来的成功一样，会迅速被她遗忘。你满满的爱意、满屋的浪漫、一句比一句肉麻的甜言蜜语，让此刻充满爱和快乐，而不是用过去的成绩为此刻犯下的小错误辩护。

你的女人太强势，都是因为你太弱了

> 如果想让女人卸下坚硬的铠甲，呈现柔情似水的一面，男人就必须有担当，让女人觉得安全、踏实，值得依靠和信赖。无论是金钱、身体、情感还是心灵方面，都是如此。
> 为了让女人无忧无虑地享受她作为女性的本真状态，男人只需掌握大局，而无须事必躬亲。

有的女人身上具有很多男性特质，她们不想成为男人的依附，时时事事想要占上风，看电视她要手握遥控器，在哪个城市生活只有她才有发言权。两性生活中，通常有一人来把控大方向。如果你的女人具有更多的男性特质，那么她更乐于在你们的生活中扮演控制的角色。

如果你的女人具有更多的女性特质，她会高高兴兴地退居幕后，由你来掌控。她安于自己的女性特质，让你来做决定。如果你承担不了这个责任，找不到前进的方向，她就会感到紧张、担心和焦虑，不得不因为你的无能而挺身出来，自己承担责任。这令她无法放松下来，尽情展现自己的女性特征，并享受其中。

女人都是乐于享受自己的女性特质的，无论她本身具有多少。而且她越享受自己的女性特质，就越焕发出魅力光彩。你也许注意到过，你的女人会瞬间变得光彩照人。上一刻她还是呆板无趣、疲惫不堪，在你赞美了她或者用精心准备的礼物给她带来惊喜之后，她一下子变得容光焕发，脸上的皱纹似乎立刻消失了，看上去足足年轻了十五岁。

如果你想让妻子做一个充满魅力的幸福小女人，就要让她少一些担当。这不是说她要完全听从你的指挥，而是说你要知道生活中各个方面的目标和方向，以及实现它们的方法，包括金钱上和心灵上的。

女人都是敏感细心的，你对未来的财务状况哪怕有一丝一毫的不自信，你的女人都能感受到。尽管你什么也没对她说，但她能够从你的行动甚至表情中感受到你的焦虑和担心。她并不是要你一下赚来万贯家财，给她以挥金如土的生活，她只要你能够养得起家，并且对未来有着缜密的计划就好。你可以选择自己喜欢的职业，甚至可以去当修道士，只要你对自己的决定有清醒的认识，在理智思考的基础上做出决定并且能够承担相应后果，那么你的妻子就能轻松接受。她能感受到你的可靠，因为她知道你的立场和计划。她信任你的决定，因为她知道这决定源自你的内心。她不会觉得自己无依无靠，因为你的理性为她提供了后盾，让她拥有脚踩坚实大地般的踏实感。

对女人来说，你内心有没有明确的方向是一个更为重要的问题。你们的感情之路将通往何方？你们生活的目的是什么？会有怎样的收获？你们的生活流于平庸时，应该怎样超越它，继续向前？

总之，**你的女人需要从你身上感受到一股强大的力量，指引她在生活中一步步向前行进。**如果你的女人感到你失去了内心的方向，她将会自己去寻找方向并强加给你。比如，如果她认为你是事业型的，当你没有忙于工作，而是沉浸在电视节目中时，她就会想："这就是我要依靠的男人？我们的共同未来就这样去创造？"如果她感觉你在金钱方面或精神世界缺乏明确的认识，她和你在一起时就无法轻松坦然，她会不自觉地规划自己的生活，甚至把你的生活也一起规划了。如果她感觉你缺乏目标感，她就会像个男人一样去承担起责任，时间久了，她的男性特质被激发出来，而女性的魅力愈来愈少，她变成了原则分明、果断决绝的犀利女子。

在金钱和精神层面，如果你越缺乏明确的认识，她就会越来越多地把精力和注意力放在这方面。对有的女性来说，这样做毫无压力，因为她们愿意发挥自己的男性能量，去创造与男人一样辉煌的事业。但对另外一些女性来说，她们希望的是能够放松下来，她们期待的是伴侣精神上的支持、安慰和陪伴。你怎样判断妻子的目标是否对她有益呢？如果她在追求自己目标的过程中变得越来越充实和快乐，那么就是有益的。如果她的压力越来越大、越来越紧张，态度越发生硬，那么她就是激发了过多的男性目标感。她在名利的路上像男人那样一路追逐下去，变得棱角分明，也变得难以温柔……说明她拼得过狠了，原因恰恰是你缺乏担当。

那么，你怎样才能有更多的担当呢？你不一定要做多么繁重的工作，你只需明了自己的最高目标，并围绕这一目标安排自己的财务和精神生活，具备更多的责任感，给你的伴侣以踏实稳重、值得信赖的感觉就可以了。如果你想要一个容光焕发的幸福小女人，你要让她感受到她登上的是一列飞速驰骋的列车，正载着她驶向她日夜憧憬的目的地。女人可以赚钱，所以你不必非得赚的比她多，但你需要尊重她、肯定她，始终给她支持，这就够了。只要你能让她感受到你的爱，以及建立在爱上的明晰、智慧和目标感。只要她能感受到你对财务前景有着缜密的思考和规划，你们的生活能够让她感受到最深的爱并给你们充分的施展空间，她就会相信你的目标感，做你的幸福小女人。

清晰的奋斗目标和合理的规划，既可以在无形中让你男人的形象日益高大，又可以让女人放下戒心，尽情展现女性的魅力。

男人的背面

part

5

一个男人如果不能克服对死亡的恐惧，

无论他的地位多么显赫，

无论他多么有名，

他都是一个受限制、不自由的人。

释放让男人快乐，得到让女人幸福

> 对男人而言，最大的愉悦莫过于摆脱束缚，畅快淋漓地感受自由，诸如命悬一线之际转危为安，称心如意后的踌躇满志，在竞赛中一马当先等等，都会给男人带来至高无上的快乐和幸福。男人永远都在寻求挣脱束缚、获取自由，然而女人对男人此类行为和需求往往难以理解。

男人的根本动机是摆脱束缚，体验世间别样的自由。男性最享受的事物之中，性高潮是其中之一。对很多男人来说，“性”是他们纵横驰骋、展现雄风的最佳战场，男人典型的性高潮包含一个紧张或者抑制状态不断累积的过程，直至最后一刻大坝决堤，一泄如注。高潮过后是死亡般的平静，物我两忘的虚无，肢体疲惫，脑子空白，但心中充盈着淡淡的喜悦，眼神迷离，虚脱而陶醉……男人永远在苦苦寻求这种解脱所带来的感受，他们迷恋这种不断抑制、长驱直入、一气呵成以及痛快淋漓的快感。高潮对他而言，也是一种生命力的彰显。

男性最享受的事物中，还包括大量运动赛事。男人通过运动赛事释放压力，体验自由。以足球为例：赛场上，22 个身强力壮的男人释放肌肉的最大能量，尽情飞奔、拼抢、跌倒、跃起。一方带球快速突破，一方拼命拦截死守，比赛的挑战来自突破对方防线，直抵自由之境。释放压力和体验自由的男性特质使得他们表现得极其兴奋，甚至癫狂。破门入网之际，他们狂呼大叫，尽情发泄内心的狂热，来庆祝内心最深处的愿望成真。这种突破对方防线和获得自由是男人的主要心理动机。男人的一切目标，无论是工作中，还是赛场上，都是指向获得更多的自由。

男性对于自由的典型渴望包含对死亡的感受，这也是男性终极的惧怕和自由所在。在法语中，性高潮有另外一个说法，即“小死亡”。男性乐于看到心仪的球队“踢死”对方，也会因“斩获”了可观钱财而喜不自胜。

男人对自由的渴望也包含着更为黑暗的层面。为了获得自由而发动战争，这集中体现了男性的渴求所在。大部分体育运动可视为战争的仪式化表现形式，但战争本身会触动大多数男人的心弦。战争题材的电影，比如，濒临绝境的主人公受到伟大事业的感召，不惜以死相搏，更会引起男人强烈的共鸣。无论是发生在战场上、赛场上还是棋盘间，为获得自由而挑战死亡，都是极具男性特质的行为，都会触发男性最深层的感受。

这种挑战死亡、争取自由的勇气也是获得精神自由所必需的。为了获得精神上的绝对自由，我们必须去挑战人类的终极恐惧——对死亡的恐惧。**一个男人如果不能克服对死亡的恐惧，无论他的地位多么显赫，无论他多么有名，他都是一个受限制、不自由的人。**只有克服恐惧的层层藩篱，我们才能获得精神上的自由。唯有不怕死的男人，才能活得潇洒自由。

精神自由，不是指我们的内心没有烦恼、痛苦和恐惧，而是指我们能够突破它们的限制，获得超然，是指我们在恐惧之中，却能够生活在恐惧之上。

对舒适和自我安全感的需求是男人自身的敌人，也是他们追求精神自由最大的障碍。获得自由意味着无视自我作为独立个体的需求。自我意识的消亡，对同一性的彻底认同，是为终极的自由。尽管很少有人能够彻底摆脱束缚，获得终极自由，但这种终极自由是男人苦苦寻求的：他们通过性高潮、财富的激增或者赢得战争等等，来品尝片刻欢愉；他们通过拳击比赛、警匪片、武术或者哲学思考等等，来尽享其中的自由感受。

对自由的渴望是男人生命的核心，即使在通过更寻常的事物享受乐趣的同时，男人心中对该乐趣的最高形式也念念不忘——站在恐惧之上，获得绝对自由。

女性则与此相反。女人寻求的不是自由，而是爱。女人的幸福不在于虚空，而在于充盈。女人获得幸福的方式不是摆脱，而是接纳。这就是为什么性事之后，若男人倒头睡去，女人便会心生沮丧。对男人而言，释放后的虚无让他摆脱压力，获得喜悦和自由。但女人希望通过性来感受到爱与充盈，而一个鼾声如雷的男人并不能满足她的这一要求。

女性喜欢充盈而厌恶空虚。女人会在空架子上摆放各处搜集来的小物件、贝壳、鹅卵石等。如果感受不到足够的爱，她就会用冰激凌、巧克力来填满自己，或者喋喋不休，而不像男人通过电视节目或床笫之欢释放自己。较之男性通过拳击比赛或色情片进行身体上的释放，女性更喜欢沉湎于肥皂剧或言情小说中。女性渴望敞开心扉，用爱来填充精神世界的缺失。基本而言，女性通过沉湎于无尽的爱来实现精神世界的同一性，而不是通过冲破对自我消亡的恐惧获得无尽的绝对自由。

总而言之，女性对爱的追求和男性对自由的追求都是为了实现同一目标：寻找自身存在的意义，即绝对的爱和自由。然而在生命旅途中，女性会一直通过接纳男性、美食或购物等来实现以爱填充自我的目的，而男性则会通过电视节目、床笫之欢或者激增的财富来消除压力和实现无尽的自由。

你对性爱的态度体现了
你对整个生命的态度

> 性爱是男人最原始的欲望，整个过程是由抑制和束缚，走向释放和自由。
> 在性爱中，如果没有被束缚和被抑制的感受，也就没有释放时的酣畅淋漓和自由。
> 同样，在生活的其他方面，男人也会遇到各种各样的限制和束缚，当他们突破这些限制和束缚时，便能享受到难以言说的自由。
> 束缚在所难免，摆脱束缚、追求自由，则是男人力量的源泉。
> 性爱如此，其他事情也莫不如此。

你上一次令自己的女人欲仙欲死是什么时候？也就是说，你突破她的挣扎，狂野地“俘获”了她的身心，你们徜徉爱河，缠绵悱恻，激情勃发。是否过去太久，你已经记不清了，现在只有电视和电影里的镜头才能激起你的亢奋？

如果你不能充分释放这种性爱的隐秘激情，那么这种激情就会在你的心灵中消失。激情通往心灵的通道被阻断，你将缺少男性的力量——你不想把妻子拥入怀中，狠狠地扔在床上，剥掉她的衣服，将她牢牢压在身下，共同享受无尽的快感——你会开始幻想采取其他的方式来控制和征服女人。

男性的欲望体现在许多方面：在篮球场上突破对方防线，突破哲学思维的桎梏而获得真知灼见，战胜对死亡的恐惧而获得精神的自由，如此等等。渴望获得性快感是男性欲望在性方面最隐秘的体现：突破女性的抵抗，让她完全打开自己的心灵和身体，充分享受美妙的性爱；让她突破传统的心理束缚，使她别无选择，只能接受你的爱。这时，男人就会从中得到极大的乐趣。

当你不再拥有这种获得性快感的欲望时，你还是想要突破女性的防线，只是不再是通过性爱的方式，而是通过暴力或胁迫等方式。实际上，大部分男人都曾幻想过强迫女性与其发生性关系，只不过很少有人敢于承认这一点。同时，很多女人也都幻想过自己被强暴。女人的一个隐秘欲望就是被迫臣服，这与男人想要突破女人防线的欲望一样强烈。但这样的快感和真正的强暴并不同，因为它是建立在爱的基础之上的。

女人臣服于你强有力的爱，或者你在爱的前提下“强行”给她带来更美好的享受，这是快感的基础。如果你们不给这种隐秘欲望制造释放的机会，那么它就会表现在一些与爱无关的癖好中，如强奸幻想，沉迷于肥皂剧、悲情故事、暴力色情等。

性的能量是根源于生命的力量，它蕴含在你的体内，你对性爱的态度体现了你对整个生命的态度。这一点对男性和女性都一样适用。如果你的女人害怕全身心地接纳你的爱，那么她也害怕完全接纳流淌于她身心中的神性之爱。她会感到空虚，会想通过食物、购物、社交和谈话来填充自己。

如果你害怕和你的女人在一起享受性爱，那么你也会害怕全力追逐纯粹的自由。当你感受到巨大的压力时，你会想到通过男人的传统方式来释放，比如看电视、手淫或者埋头工作。但这些方式仅仅是释放压力，并不能给你太多的自由。如果你能在两性关系中摆脱一切束缚，冲破重重阻碍，忘却自我，让两颗心紧紧融合在一起，全身心地投入狂野的性爱之中，那么随着你爱的能力的增加，你就能在其他方面摆脱束缚，突破自己的自我界限，让自己与这广阔无垠的未知世界融为一体。

你必须学会在性爱中完全释放自己，这一点是无法逃避的，除非你决心过清心寡欲的苦行僧生活。你要勇于面对自己的性欲，就像面对自己精神层面的渴望一样。对男人而言，最主要的恐惧是失去自我。所以，如果你和大部分男人一样，你会喜欢通过一些可控的方式暂时忘掉自我，如观看体育比赛、战争影片等，但是你永远也无法领悟性爱的意义。性爱的意义不仅仅是繁衍，更在于你能从中学会放下自己、忘记自己，从而感受到男人理智之外无尽的未知世界。

下一次做爱时，你可以按照下面的步骤去做。你超越自己身体和情感的界限去感受她，深深地感受她，直到你感受不到自己的存在，也完全感受不到她的存在。感受你进入她的身体后你们消除了界限，你们完全交融在一起，你对她的呼吸、动作和感受有着十分清晰的感受。消除一切矜持和束缚，尽情地去爱她。突破你的，也突破她的界限，一起沉浸在你的爱的力量之中。完全放松，感受爱的力量，除了爱，其他一切都不存在。

让这样的爱把你的女人送上幸福的巅峰，竭力充实她的身体和心灵，让她无处可逃，只能接纳你深刻而强烈的爱。你要放松身体并采取主动，让你的爱深深地进入她，让她沉浸在快乐中不能自已，甚至流下激动的泪水，而你在给予爱的过程中完全释放自己，消除一切恐惧。

在这个自我释放和给予爱的过程中，你要充分展示出自己男性欲望的各个方面，无论是隐秘的还是人们熟知的。在爱的过程中，做一切你想和她做的事，在她面前充分展示出一个真实的你，没有任何保留和隐瞒。带着无限的深情进入她，到达她的深处。你还要不时地别出心裁，创造机会，让她的能量和欲望把你带到你自己永远无法到达的境界。

如果你掌控了男性隐秘欲望的强大力量，不仅能重获爱的能力，而且能收获精神上的勇气。你将获得面对自我消亡的勇气。通过释放性欲望的黑暗面，你将打开通往男性精神力量的通道，让爱的力量带你超越自我，活在恐惧之上。站在恐惧之上的你，能够清楚地看见自己曾经是那样狭隘、执着和受限，而今天你终于从中走了出来，在爱中，过去的你已然“死去”，而一个无所畏惧的你苏醒了过来。

随着时间的流逝，你将能更加随心所欲地控制这股力量，并发掘自己面对精神“死亡”的能力，或者说增强舍弃的能力。当你不再仅仅关注自身时，你将对自己有更加清晰深刻的认识，让自己更加放松。与此同时，你会对心灵的力量形成更深刻的认识，这是一种无比强大的力量，就存在于你自己的体内。放弃自我是需要勇气的，如果你在做爱时都没有勇气放弃，那么你将永远不会具有这种勇气。

为了让你的女人尽享做爱的快感，你必须完全放弃自己，崇拜和信任她的内心，她的内心和你的内心在本质上是一致的。这种无畏的精神会帮助你，最终，你在性爱和其他方面都将成为不一样的自己。

你的女人渴望你
拥有“杀手”的魅力

> 女人想要男人具备许多品质，其中一条是“杀手”的魅力。
>
> 在女人心目中，男人就应该勇敢、无畏、坚强不屈……无所畏惧，或者说超越恐惧，是男人终极魅力的基本表现形式。

尽管你的女人不想你是个杀手，但如果你具备那些素质，她就会感到踏实和幸福。反之，如果你缺乏那些素质，她就会感到失望和沮丧。举个例子，一只大蟑螂爬进了客厅，你吓得立刻跳上沙发，对你的女人尖声大叫：“弄死它，快点儿弄死它！”这很可能让她对你失望透顶。

再举个例子。一天夜里，你们已经睡了，你听见楼下厨房发出奇怪的声音。你很害怕，便摇醒身边的妻子，让她下楼看看怎么回事。她一定会非常愤怒。

在以上两个例子中，你的妻子都感受到你让内心的恐惧和怯懦掩盖了勇气。她并不想让你当杀手，但是她希望你有能力面对一切令人恐惧的事情，甚至包括死亡。她希望，当遇到问题或者灾难的时候，你能毫不犹豫地挺身而出，该出手时就出手。比如，一个疯子突然闯入你家，对你的孩子造成人身威胁时，如果你毫无作为，只是说："我能怎么办？他是疯子，跟他讲道理他又听不懂。"恐怕那一刻，你的妻子最想杀的人不是那个疯子，而是你。在妻子和孩子面前，你可以适当展现自己的恐惧、忧虑等负面情绪，因为她们是你最亲近的家人，她们愿意接受最真实的你。如果危难关头你能展现出的只有这些负面情绪，面对威胁到家人安全的情况也无动于衷，那就怪不得家人会觉得你不值得信赖和托付，不愿意依靠你了。

敢于面对死亡和必要时大开杀戒是男人身上的暗黑力量，你也必须具有。可是，如今的风尚是模糊男人和女人各自的特质，于是我们有了一大批"娘娘腔"和"女汉子"。那些"女汉子"，除去精致美丽的外表，她们是真正意义上的愤怒女神。而那些"娘娘腔"除了身材魁梧之外，内心却不像个男人。男性的暗黑力量完全被压抑，他们会忍受内心的不甘和委屈甚至厌恶，赔着笑脸去迎合女人，而不是让女人在自己勇猛有力的爱中放松下来，获得安全感。他们为自己精心安排好了舒适而安全的生活，小心翼翼地保护这种生活状态不受破坏，而不愿意突破自己对死亡的恐惧。

具有女性特质的女人希望能感受到伴侣的勇敢和无畏，她希望男人能够面对她的封闭、愤怒和紧张，而不是削减她的女性力量。她希望你能坚定不移地爱她，即使她生气了，你也不会离去。她希望你能够面对自己的欲望，能够出于对她的爱而让她心醉神迷，能够让她感受到你的暗黑力量。

女人想感受到暗黑的男性力量，因为这是你面对和了解死亡的能力的体现。这种能力让你值得信任，让你无论从个体还是精神层面都成为一个勇士。对死亡的认识让你谦卑并且充满勇气，卸下你心灵的铠甲和防备，让你知道什么是爱。这种对于爱和死亡的认识能够让你超越自己的恐惧，突破狭隘的自我保护意识，迎接未知的神秘世界。

你的女人渴望感受你的暗黑力量，对你来说是非常有意义的。你用无畏的爱回应她的渴望，你的自我保护意识就会减少，你的每一刻都会变得更加真实和柔软，不需要额外的安慰和自信，坦荡之怀，任天而动。从此，你会变得无所畏惧，充满斗志，不再逃避任何挫折和坎坷。

所以，不要置身事外，用精致的利己主义作为铠甲抵御外面的风风雨雨，也不要畏缩不前，逃避此刻令生命震撼的力量。放下一切，满怀着爱来迎接一切改变，直抵最深处，与它融为一体。你只需尽情地感受。

所谓女人期待的“杀手”魅力，是要你知道，**生命是一个逐渐消逝的过程，但还是要把握住它。你只有无所畏惧，心灵才能无所羁绊。**对你的女人而言，夜间查看是否有贼进屋是一个信号，表明你愿意为爱牺牲一切。你的这种勇气会深深打动你的伴侣，使她对生活充满希望和热爱。

经得起女人的考验，才扛得住生活的打击

> 你的女人身上有一股可怕的暗黑能量，常常猝不及防地爆发，令你摸不着头脑。如果你退缩了，你将永远无法深入她的内心，真正了解她，而且你对她的退缩还会导致你的生活全面退缩。
>
> 对男人最大的考验，往往不是来自生活，而是来自女人。
>
> 如果你能经受住女人的考验，生活中的风风雨雨也就不在话下了。

你要知道，你的女人能胜任多种角色：女巫、性奴、女战士、圣光女神、慈母、女魔头、甜美的爱人、聪明的老师、野兽等，她是千变万化的。通常来说，她总喜欢处于你搞不定的那种角色或状态中。

女人的暗黑能量天生喜欢与你作对。如果你特别不喜欢她生气，她似乎总是会一次又一次地生气，找千百个理由和你争吵，愤怒而委屈、痛苦而绝望，甚至气得全身颤抖。如果你不能用狂热的爱来迎接她的怒火，将这怒火转化为激情，她就会不停地考验你是否具备这种能力。这时如果你一言不发，将她紧紧抱住，深深地吻了下去，她的

身体将不再紧绷，情绪将不再歇斯底里，而是很快放松下来，温柔地瘫在你的怀里，享受着你狂热的爱。也就是说，无论是她的哪一种能量，不论是悲伤、失落、孤独、恐惧、焦虑，还是不满，只要你无力应对，不能借助你的力量、理性和幽默感将其转化为爱，它就会一次又一次地出现在你面前。

也许她总是紧张易怒，你和她谈了无数次，已经不胜其烦，无论怎样努力似乎都没有用，于是你放弃了，只是尽量容忍。接下来，她仍然会用紧张易怒这种方式继续试探你（虽然不是有意为之），直到你能接纳她的情绪，让她不再紧张、放松下来、愉悦起来。

一个更为平庸的男人也许会想："我的天，还是让她自己解决吧。"但是，如果她想自己解决，还要你有什么用呢？她想要的是你的意识——清晰、强烈、自由——正如你想要她的魅力一般。如果女人想要你对她认可和重视，她常常不会直说，而是会通过情绪发泄的方式来引起你的注意和重视。如果你不能觉察她的情绪，她就感觉不到你的自由意识，只会觉得你两手一摊，对她感到无能为力。

如果你试图通过冷漠来晾着她，从精神上折磨她，使其主动就范，从此对自己俯首帖耳，那你就低估了她的暗黑能量。她如果肯如此轻易地向你举白旗，她就不会如此"兴风作浪"。

要想完整地认识到伴侣的能量，奥秘就藏在你的身体中。如果她尖叫、摔盘子，你必须用身体来迎接她的能量，用你的身体向她表达你无畏和强有力的爱。不知所措、局促不安地小声说你爱她，并不会起到安慰作用，她是不会相信的。如果你走过去抱住她，对她深情地微笑，她会真切感受到你的自由和力量，因为这是通过你的身体传递出来的，会使她体验到亲密，让她感觉踏实。男人温暖的怀抱是最令女人印象深刻的，她想念你时，最多的是想起你的怀抱，所以，不要吝惜你的拥抱。

对她来说，比起身体、语调和眼神，话语要苍白得多。不要告诉她要做什么，而是行动起来，和她一起去做。对待她的焦虑和喜悦都是如此：如果她很紧张，紧抱着双臂，不要告诉她把手放下来，你要走过去，打开她的双臂，亲吻她，用你自己的身体让她放松下来；如果她正在欲望的煎熬之中，迫切想要在神圣的爱中释放自己，你也无须通过语言表达出来，而是要同样全身心地投入，你的身体要和她的一样放松而又充满力量。你们彼此信任，战胜恐惧，在爱中充分释放自己，忘掉自我，合二为一。

如果你没有像她一样尽情释放，或者当成例行公事，漫不经心，她就会退回到你产生恐惧和动摇的地方，对你进行考验。如果她问起你的赚钱能力，你很抓狂，干巴巴地回应了她，那么她还会继续问的。如果她在试探你的性能力时你底气不足了，她就还会以或明或暗的方式继续考验你。如果你轻描淡写，她就永远不会满足，直到你证明自己其实更强大。

你无须想着要取悦对方，那不是关键所在。她为你奉上了一份礼物，那就是她的能量，这能量体现在她的心境和情绪中。她给你机会，让你用无畏的爱“驾驭”她的能量。你要知道，无论她给你什么样的能量，生活都会给你同样的能量。在这个过程中，你只有坚持不懈，勇猛无畏，满怀爱意，才能活在生活之上。对你的女人来说也是一样。你不要努力取悦她，而是要以爱和清晰的头脑去深入她、引领她，这才是你要做的事。

在金钱和精神方面，生活会用它黑暗狂野的力量对抗你、考验你，就像你的女人在情感上考验你一样。如果你心生畏惧，不敢向她展现你所有的天赋，那么你同样也不敢向生活展示你所有的锋芒。如果你中途向你的女人退却，同样也会在生活中退却，而不是竭尽全力施展你全部的天赋。

你的伴侣比任何人都了解你的缺点。她知道你会在什么地方动摇和放弃。她知道你会做到什么程度，然后甘于平庸。她也知道你作为一个完整的、拥有自由意识和爱的男人，所具有的真正能力。如果她是一个好女人，她的天赋在于用她最黑暗的情绪一次又一次地考验你，直到你能岿然不为所动，能用爱征服她，就像你征服整个世界一样。作为回报，她将让你的世界充满爱和光明。

女人的背面

part

6

美丽的女人除了能够引发繁衍的欲望之外，
同样能够唤醒艺术、
社会和精神世界的创造力。

一些男人为什么缺乏吸引力

> 一个男人没有女人缘，多半是因为他太封闭，没有把真实的自我呈现出来。
>
> 一旦他打开自己的身心，将抑制的男性能量释放出来，他对女人就有了强大的吸引力，他生命中的每一天都会变成一场盛宴。

如果你感觉自己像是被困在了自我的小岛上，孤独寂寞，没有女人愿意接近你，你也害怕接近她们，那么可以断定，你是一个没有女人缘的男人。

你每天都会遇到很多女人，随时随地都能嗅到女人的芬芳，她们或者妖媚、野性，或者温柔、体贴，或者风情万种、通情达理，或者善解人意、单纯快乐……但是，她们从你身边来来往往，似乎把你当空气，根本感觉不到你的存在。

你之所以缺乏吸引力，并不是因为你没有，而是因为你把它深深地埋在了心底。其原因可以追溯到你人生最初的阶段：原生家庭中母亲对你的态度与你今后对待女人的态度有着密不可分的关系。也许你的母亲脾气不好，经常歇斯底里地大喊大叫；也许她在你最依赖她的阶段与你疏离，导致你面对女性时不知所措，从来不懂得该如何与她们相处；也许她对你过于溺爱，养成了你跋扈的性格，因此女人们对你避之若浼；也许她控制欲超强，导致你潜意识中对女人心怀恐惧……种种因素都可能导致你觉得女人是不可理喻、无法信任的，你没办法与她们打交道，只能拒绝、逃避。

长大成人之后，你的内心会感到无比纠结。一方面你渴望拥抱女人，渴望将身体紧贴在一个女人赤裸的身体上，感受她的柔软和活力，品尝她令人心醉的芳香；另一方面你又害怕女人的暗黑能量，害怕她们的不可捉摸和歇斯底里，害怕她们会像曾经的母亲一样伤害自己，于是你把自己的内心紧紧地包裹起来，穿上了厚厚的铠甲，开启了自我保护意识。随着自我保护意识的增强，你的男性能量被抑制住了，你对女人的吸引力也就降到了最低。

作为男人，你应该让童年的阴影随风而逝，勇敢地走出封闭的内心，跟随自己的欲望，慢慢进入女性能量的广阔海洋中。女人就像大海，深不可测，变化无穷，一会儿碧波荡漾，一会儿波涛汹涌。她们蕴藏着巨大的能量，但是这种能量没有方向、没有目的，也很难控制。过去的你对她们望而生畏，你的这部分人生因此也被恐惧所限制。现在的你要跳进大海，在波涛中去冲浪，去搏击，去寻找人生的平衡。

当你从孤立困顿的状态走出来时，长期以来被你抑制的男性能量就会喷薄而出，让你充满活力，焕发青春，一举一动都具有男人的魅力。这时你会惊讶地发现，与你接触的女人多了起来，她们喜欢你的坦率和真诚，喜欢你的勇敢和无畏，你再也不是一个没有女人缘的男人。

女人是一朵花，40岁更优雅

> 男人应鼓励成熟女人展现其在智慧、力量、直觉和抚慰方面的能力。男人不应该要求或希望她们表现得像年轻女人，这是不尊重成熟女人的表现。二者之间不应该进行比较。每个年龄段的女人均有其独特的价值，而每个女人都要经历从表面的光鲜到散发内在魅力这一不可避免的过程。情窦初开时的纯洁，20岁后的精致，30岁后的迷人，40岁后的风韵，50岁后的优雅，60岁后的经典……不同年龄的女人犹如四季的更替，春、夏、秋、冬，各有各的气质，各有各的魅力。

出于生理等诸多方面的原因，对男人来说，也许年轻女人比年纪大的女人更能对你产生性吸引力。漫步街头或海滩上，你的目光肯定更愿意追逐妙龄少女，而不是垂垂老妪，这是很自然的。

但是，女性的魅力不止这一点。青春带来的性吸引力是稍纵即逝的，而女性自内而外散发出的光彩才是其更深刻、更本质的魅力体现。女性的魅力不仅仅是少女红润的脸颊或柔嫩的肌肤，而是知性、包容、信任、温情以及爱的能力等生命力内在的力量。其中，爱的能力让她比年轻女性多了几分优雅、几分风韵和善解人意，使她们知冷暖、懂分寸，这些是单纯少女所散发的性吸引力无法企及的。

年轻女性的身体会承载更多的生命力，所以总体而言，她们比年长的女性看上去更加光彩照人。年轻女性当中有的仅具有美丽的外表，而有的则具有自内而外散发出的美。随着韶华逝去，女性的身体都将老去，她们的魅力也将由外到里，更具深度。

实际上，即使在年轻女孩身上，你也会觉得深层次的魅力更具吸引力。漂亮女孩会让你产生本能的生理反应，而一个成熟女性，她的举手投足、一颦一笑都散发着女神一般的风采，令你迷恋沉醉，后者带给你的由衷赞叹和无端心动，是前者无法比拟的。凝望着她的眼睛，你会感受到动人心魄的理解、爱意，还有神秘。这种深层次的女性之美，或者说魅力，不但不会随着岁月的流逝而减弱，反而会更加醇厚和光彩夺目。

如果你感受不到自己内心深处的目标，缺乏清醒的自我认知，你就感受不到女人的深层次的魅力。你只会看到表面，只会被日渐消逝的女性外在美所吸引。也许，她也会努力让自己的外貌和举止显得比自己的实际状态更年轻。但这是一种肤浅的行为，因为你和她都没有看到女人由内而外散发出的魅力。

不可否认，年轻女性自带的性吸引力会给你带来能量。然而，一个有内涵的女人，只消轻轻的一瞥或一个不经意间的动作，她动人心魄的美丽和优雅所散发出来的魅力，顷刻就会让你的大脑一片空白。你的心一下子敞开了，你沉浸在女性神秘的美丽之中，而将她的年龄置诸脑后。与这样的女性在一起，你会获得无限的愉悦。女性因爱散发出的无尽魅力，以及短暂的肉体欢愉，都是生命中美好的馈赠。在生命中的每一刻、每一阶段，你关注她、赞美她，以及和她相处的过程中，体验到的都是女人深度的、令你倾心的美。

岁月的流逝会给女性带来更多的智慧以及更强大的“心理力量”。她成长为一个“大”女人，生活的历练使她与青涩的女孩相比，多了一分沉稳和睿智，她能够运用自己的力量给周围带来更大的影响。她对世事有着更深刻的洞察，也能以强有力的手腕左右事态的变化。卓越的能力使她在事业上才华尽现，让男人为之叹服。优秀的男人会尊崇和欣赏而不是嫉妒女性的这种力量，因为他知道，它会与自己的成就和能力相得益彰。

成熟女人不像年轻女人那样爱听男人说废话。也许这恰恰是你更喜欢年轻女人的原因之一，但你必须进行权衡取舍。因为年轻女孩往往对男人的胡侃乱吹予以崇拜和赞叹，而成熟女性锐利的目光早已窥探到了男人吹牛背后的心虚和不靠谱。如果你更喜欢年轻女性，那你要当心了，与她相处可不轻松，因为她会紧紧黏着你不放。如果你想摆脱束缚，获得更多自由，那么，心理成熟、不会让你沉湎于舒适而无聊的生活中的女性，才是你生命旅途上的优秀伴侣。

将情欲升华为生命的礼物

> 看见漂亮女人时，男人会本能地感受到体内的能量，这就是人们通常所说的性欲。
> 性欲是一种原始生命力，人类不能没有它，但也不能被它统治。这种情况下，男人不应该借此想入非非，而应学会驾驭这强烈的能量，深呼吸，让这能量在全身充分流动。
> 性欲是一份宝贵的生命礼物，但需要自我引导。男人的任务是通过意识的深化和拓展，把原始生命力整合到自我中。原始生命力具有强大的治愈力量，能够让男人恢复活力，从而更好地回馈自己的女人和这个世界。

如果你和大部分男人一样，看见漂亮女人时，你的性能量通常会直接到达身体的两个地方：或者你的大脑受到刺激，开始幻想和一个让你神魂颠倒的女人在一起的情景；或者你的下体会受到刺激，产生性欲。不管大脑和下体有多么大的区别，但就整个身体而言，性能量到达这两个地方并没有太大区别。而高级男人绝不会将这唤起的能量淤积在大脑和下体，而是会将其传递到身体的各个部位，这就是对性欲的升华。通过这种升华，欲望能转变为更有价值的智慧创造活动，正是由于性欲的升华，高级的心智活动、科学活动、艺术活动或思想活动才成为可能。

性欲的目的是创造，然而繁衍只是创造在生理领域的体现。作为男人，除了后代，你应还能给予世界更多。**美丽的女人除了能够引发繁衍的欲望之外，同样能够唤醒艺术、社会和精神世界的创造力。**归根结底，绝大部分有创造力的男人都会以不同的方式承认，女人是他们的缪斯女神、灵感源泉；女人把他们带入这个世界；女人为他们提供创作灵感，让他们致力于服务他人。实际上，有的男人的观点更加极端，他们认为如果没有女人，他们干脆就不对世界那么感兴趣了。

作为男人，你会不时地发现自己从某个女人那里得到灵感。但这种灵感通常不能持续长久，因为大部分男人不知道如何保持与女性的关系。他们得到灵感之后，往往会通过大脑或身体快感将其释放出去，然后又通过更多的女人或女性力量（如酒精、毒品或大自然）来寻找新的灵感。

男人不能仅仅将性欲作为一时的体内原始生命力的释放，你应该戒除自己从性欲中获得快感的习惯，利用好它所蕴含的原始力量。如果你学会升华欲望，你就能不断地滋养和强化自己的灵感，不再耽于身体方面的幻想和欲望，而是将它转化为灵感的力量。

感受欲望。感受它的全部和本质。它表明你渴望与女人结合，想要尽可能深地探求，想要得到她绽放的光芒来滋养自己的灵魂，想要奉上自己的全部，想要沉浸在这个美好的过程中，想要在彼此的碰撞融合中得到升华。

这种碰撞升华不仅是一时的身体释放，它能够成为你生命的支撑。当你对女性产生身体的欲望时，你要深呼吸，让这种欲望增强，再增强。不要让它囿于你的大脑或下体中，而是以呼吸为载体，让它流淌于你的周身，让每一个细胞都沉浸在这能量中。在呼吸之间，把这能量纳入你的肺腑，然后由此散发开来。像感受你的爱人一样感受这个世界，感受自己的存在，从你的本能出发，以你自己的方式来探索世界，将爱纳入其中。唯有如此，来自女性的性感魅力才能助你发现和给予你的天分，而不是让你陷入刺激——损耗的无益循环。

男人的退却会让女人的心荒芜

> 如果一个男人否认自己对于女人的渴望，无论是有意为之还是由于彼此过于熟悉激情不再，都表明他对生活同样也失去了兴趣。为了让自己再度充满活力，他也许会去找一个情人，但这并非长久之计，因为对情人失去新鲜感只是个时间问题，两人终归会因为太过熟悉而感受不到对方的吸引力。
>
> 如果女人感受不到来自男人的渴望，而只感受到来自对方的排斥、厌恶以至拒绝，就会变得充满怒气和破坏性。她无法控制这种“丈夫不爱”导致的能量，甚至不能避免它给自己带来伤害。在这方面，男人责无旁贷，若想和伴侣以及生活保持良好关系，他必须发现两者各自的吸引力。

你可以选择。你可以离群索居，过清心寡欲的生活，尽量将女人和世界排除在外；也可以投入全部身心力量与女人打交道，在这个过程中释放自己的天分。如果你选择后者，你必须能感受到来自对方的吸引力，或者说相互之间的吸引力。否则，你会对世界和女人产生排斥、抗拒甚至憎恶的情绪，而无法释放自己的天分。

如果你的妻子缺少爱情滋润，你对她仅仅抱着“得过且过”的态度，那么你对她的这副样子可能不陌生：她看上去既憔悴又疲惫，一张脸拉得长长的，皮肤黯淡无光，表明她的身心都没有享受到来自充满男性力量的坚定不移的爱。你在她的脸上总也看不到真正的开心。

最终，她的失落和怨恨会转向体内，令她的身体出现疾病征兆。你眼看着她的皮肤日渐失去光彩。你不喜欢她散发的气味。随着她的沮丧和消极情绪越来越多，你对她越来越不感兴趣。事态发展到严重的地步时，她看上去丑陋不堪、消沉黯淡，甚至让你产生了厌恶之情，而你的退避三舍会让她的内心荒芜一片。你可能还会出于责任和她在一起，但你们之间已完全失去吸引力，你们只是勉强在一起，而不是真的出于受到对方的吸引。

与此同时，受到伤害的还有你自己，你可能也开始对生活逐渐失去了兴趣。你对自己的项目和事业越来越不感兴趣，你可能考虑换工作，或者换女人。相比日渐憔悴的妻子和单调无聊的工作，新鲜感本身就足以对你产生更大的吸引力，让你热血沸腾。

你有这样的想法和反应都是正常的：新的女人或工作会让你振奋起来。而平庸的男人正是这么做的，不过，一旦新女人或新项目不再令他感兴趣或兴奋之后，他又会退却，转而寻求下一个有可能吸引他、令他振奋的目标，然后再下一个。

在吸引力方面，让你和伴侣之间愉悦消失的并不是时间，而是熟稔、趋同和缺乏目标感。即使你觉得自己的女人平淡无味，没准儿另一个男人觉得她魅力无穷。所以，不是你的女人魅力消失了，而是你爱的能力降低了。你可能希望和她的交集越少越好，但是你没有欲望就是没有。你们一起相处的时间太久了，彼此间的吸引力已磨灭殆尽，就像两块磁铁之间消除了磁性。过于熟稔会抹杀吸引力，而缺乏吸引力令伴侣对彼此产生轻慢，时间久了，你便不再把伴侣当成手中的宝了，而仅仅把她当作育儿助手或好朋友。更糟的是，你会感觉伴侣在你眼中不如你见到的其他女性那样具有性吸引力。

在性能量方面，你的女人往往比你更加敏感，很可能先于你对这种吸引力的消失有所察觉。一旦她意识到了这一点，她的第一反应是感到挫败。这种情绪不会立刻给她带来大的影响，而是一点点地、持续不断地吞噬她的光彩。即便有时她故意为你打扮得花枝招展、容光焕发，你也会像面对公交车上素不相识的女性一样无动于衷。她会情绪崩溃，感觉受到了伤害，变得黯淡无光，而这会让你对她越发兴味索然。

尽管你们俩都在这个消除磁性的游戏中推波助澜，但是你不能责怪她。高级男人总是会承担全部责任，在行动时，他带着无可挑剔的勇气和毅力，内心渴盼的只有展现全部的自我天分所带来的内在的圆满感觉。

当你的女人看上去很落寞、郁郁寡欢甚至丑陋时，把她想象成一个女神，你要把神圣的力量注入她的身心之中。你要察觉自己对她的不良情绪潜滋暗长了她的厌恶，并且全力帮助她转变。你要纠正自己对她日益凸显的不良情绪，并和她一起变得乐观开朗起来。用你投入事业的那种努力和专注来投入对她的关注、关心和深爱。她的情绪就是你的敌人，正对你发出挑战。你要勇敢地迎接挑战，获得胜利。

你是否能够用足够的爱和幽默打开她的身心，让她不由自主地欢笑、放松、容光焕发？你能否像对待情人那样逗弄她，用充满性意味的方式抚摸她、凝视她，与她结合？

你肯定不太想那么做。如果对方不再让你感受到吸引力，你肯定不会对她产生兴趣。然而，高级男人对自己的女人和生活恰恰是这么做的。他知道，如果一切变得无趣了，原因正是他自己。他知道，只有彻底释放所有天赋，才会让自己感到真正的快乐。他知道，吸引力的消失表明自己不再全身心投入了，所以，生活和他的女人也不再全心回应他了。

有时你必须往前走，另找一份工作，或者更合适的伴侣。如果这真的是一种成长和进步——目标明晰、能够给予你力量或让你不断释放自己的天赋——那没有问题。但现实往往是另外一种情况：你不再全身心地投入和给予，而是日复一日地机械前行，不再具有创造力，于是，你在此刻想要换换口味。

也许你一辈子都在重复从事着一份枯燥无味的工作，幡然悔悟却为时已晚。如果你对伴侣激情不再，只消几分钟你就能看到这给她带来的痛苦。她的脸会向你传达信息。她的语调会表明发生的一切。她看上去变丑了。其实这反映了你不再具有强烈的欲望，她内心的光彩由此黯淡。她的坏情绪在你看来有多么丑陋、令你厌恶，你对她的敷衍和动摇也会让她有同样的感受。

如果想让一个男人回归到目标明确的状态，只需要让他面临真正的挑战时刻，比如，需要他调动全部精力来应对的紧急状况或者威胁。而要想唤醒一个女人的光彩，只需要花点功夫赞美她和由衷地欣赏她便足够。无论她是在商店采购还是在做水疗放松，男人的欣赏都可能让她光彩重现；这也可能发生在厨房的餐台上，在你们之间。

在你欲望动力枯竭之时，不要望而却步、另寻慰藉，而是要迎接挑战，让这个沉闷枯燥的世界以及你郁郁寡欢的女人感受到你的爱。用你全身心的力量击碎她的阴郁，让她感受到爱。即使她相貌不美，她也喜欢婀娜起舞。她是接纳你的深情，还是让你激情不再、对你极度不满，这一切都取决于你的自由和力量。

以她的吸引力为箭，穿透表面直达根源

> 好女人是灵感的源泉，是男人对这个世界的兴趣所在。
>
> 然而男人不能忘记，世界和女人都不是自己存在的目的，他的一切行为都应是为了透过女人和世界的表象，真正感受到自己内在的本源或者本质，不应受到任何压抑和鄙弃。男人应该透过女人表面的吸引力而探究其内在，他应该正视自己的欲望，透过这欲望的表面，来感受其根源的力量。透过女人外在的美，领悟到它不过是一个小小涟漪或提示，于是心下释然。
>
> 男人对于女人，要么沉迷其中，要么作为调剂点缀，要么由此获得生命启示的灵感。

在崇拜女性时，不要忘了美人也会迟暮；在享受欢愉时，不要忘了你的快感会转眼消逝，而且你永远不会满足。女人能够吸引你、抚慰你、激发你的灵感，但是永远不能完全满足你。永远不能。而你也知道这一点。

这就是为什么女人会令你如此沮丧。你在臆想中美化了女人身上的女性特质并被其吸引，甚至一天发生好多次。然而，这一生中，你已经吸取过很多次教训，并且以后还会继续明白，女人并不能帮你完成你人生的圆满。也就是说，与你的幻想不同，在一个现实中的女人身上，你永远无法得到你期待的愿望和目标。

两性身体相吸的游戏也是极具欺骗性的。如果你曾经得到过梦中情人，你就知道她并不像你期望的那样好，至少没有一直那样好。然而你还会一次又一次地受到女人的吸引，也许是这位梦中情人，也许是别的女人。其实这都是一回事。你被自己欲望带来的幻想蒙蔽了，被自己的兴奋冲昏了头脑。这并不能怪女人。女人是让男人来珍爱的。

除了珍爱，男人还要感受女人的内在。要真正感受女人的内在，男人就不能只想着得到她的身体，那样是很愚蠢的。就算动物也会受到异性的吸引。这种吸引是一个交织着幻想、欲望和需求的无止境的过程，尽管不是什么大智大慧，但是你在一生中仍要花费许多时间来追寻和渴求女性。这不是能够轻易摆脱的，但你能够透过表象感受其本质。

你渴求女性的势头如同离弦之箭，你应该以自我的本质为弓，穿透表面，直达女人承诺的根源。

女人是表象的缩影。这里说的表象指的是一切表象、你周围一切潜在和现实的事物。一切表象像女人一样，似乎向你承诺着你想要的东西：事业的成功、甜蜜的爱情、身体的欢愉、宠物的顺从等。当你不能如愿以偿时——比如钱财的损失、伴侣的嫌恶、身体的疼痛，被自己的狗咬伤等——你就会不开心。

如果你确实得到了想要的东西，不开心就会减少。

但是，如果你已释怀，不再对任何表象有所图，所有的不开心都会烟消云散。比如在开车时，如果你什么都不想，任凭一棵棵树木掠过身后，你就能在这一刻顿悟什么是完美。香甜的睡眠、性高潮、钓鱼一日、注视婴儿的眼睛等，这些场景都能让你从辗转奔波的追寻中放松下来，意识到自己已经获得了想要的东西。任何表象蕴含的美好事物都只是你自身内在的喜悦的体现。

你所寻求的，正是你本身，但你往往无视自己的内心，转而向外寻求。寻求未果就会带来压力，而你需要释放这种压力。这是个持续的循环过程，你像小狗转圈追着自己的尾巴一样——在大部分时候，也就是女人。

但是你不必停止追逐。恰恰相反，你要去追逐。不要压抑自己对女性的渴望，要勇敢地去感受这渴望，以及自己想要被满足的程度。男人成年以后，在生命的大部分阶段都会渴望女性满足自己的情欲或精神幻想。感受这种欲望，任凭它驱使你，由此发现你真正想要的东西。你领略了女性美妙的身体、来自女性能量的滋养，以及狂野的激情。而这一切都不能持久，甚至那个过程也不是始终美好的。你的需求层次之深，远远超过了任何女人的给予能力。那么，它究竟是什么?

你的终极渴望是与散发着光芒的意识融为一体，而且它是唯一的。

在这意识之中，所有的表象都是你内在喜悦的体现，而男欢女爱只是这一终极精神需求的低一层次的体现。

你可将你的欲望作为通往精神合一性的路径。放大你的欲望，直至你到达疯狂的边缘。深呼吸，保持着欲望，放松身体，打开心扉。如果你有伴侣，拥抱她，你想从她那里得到什么，便给她什么。毫无保留地给她，不遗余力地给她。你想得到什么，就尽情地给她什么，直到你们不能分清彼此谁需要谁，直到释放的一刻，万物俱寂，万念俱息。这便是唯一。

你的意识散发着光芒，就如同这光照的世界一样，而且它以女性的表象呈现出来，注视着你。她通常会以你害怕和渴望的样子出现。她是女神，要占有你、杀掉你、启迪你。她的样子和你的渴望上演着一幕幕永不停息的戏码，也将合二为一，成为通往你纯粹源泉的门户。

当你感受到来自女性的吸引时，在她的身上感受你的欲望，但不要限于此。你要进一步感受她的内在。经常这样做；做爱时，透过她的身体感受她；在她发怒时，透过怒火感受她；在她看上去邋遢时，透过这一表象感受她；在她最令你心动的时刻，透过她的美感受她。感受不同的她吧，保持专注而不沉迷。优秀的男人是这样做的。他将注意力穿透虚无的表象，需求得到满足，由此获得了同一性。

欲望可以是通往内在同一性的门户。身体的结合只是意识及其内在光芒的永恒结合的低层次的体现。优秀的男人在拥抱伴侣时，拥抱的其实是自我。爱是内在同一性的表现。

女人能够让你发现自己的本质，或者脱离自己的本质。事物的表象，或者与女人相处的每一刻，或者令你分神，或者让你产生执念，或者给你以启迪。这些让你分身的事物——身体的诱惑、财富和名誉——你要努力透过它们，获得同一性。你可以通过伴侣进行练习。深入感受她的内在，直至忘记她的存在，感受到的只有本质。

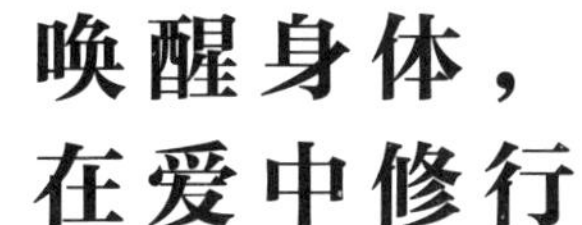

唤醒身体，在爱中修行

part

7

作为男人，你性方面的天分在于引导她、
迎合她、打动她、爱抚她，
让爱融化她的恐惧。
你不要把自己的需求强加给她，
而是要让自己的爱直抵她的最深处。

美好的事物需要等待，包括性爱

> 无论是出于身体还是精神方面的原因，射精都应该是身体和情感共同参与的高潮，在高潮中，男女得到快乐、亲密、自信、慰藉、放松和解脱。
>
> 你的女人有一种很微妙的心理，如果你很容易射精，她就会认为你的生命力不够强大，没有从身体和精神方面满足她，并由此对你心怀不满，甚至鄙视。
>
> 这种微妙的心理变化会严重影响你们之间的关系。女人不仅会怀疑男人，而且会在现实中吐槽、恶搞他，以此一方面来揭露和考验他的软弱，另一方面希望他能通过考验，做完美的好男人。

如果你从性爱中得到了足够的快感，你会想要射精。回想一下自己在射精后的感受。如果你平时压力很大，那么射精会给你带来短暂的解脱和放松。如果你在生活中目标明晰，就不会积累过多的压力，而射精往往会让你感到空虚，让你变得软弱。

射精会带来一时的快感，但它其实只相当于下体打了个喷嚏。

过度射精是浅尝辄止，重数量，不重质量，在很大程度上没有发挥自己的天分，你为此付出的代价表明了你在生活中何其平庸，无力去寻求更美好的生活。

过度的射精会减少你冒险的勇气，无论是事业上还是精神上。你会满足于一种得过且过的生活，不能深入生活的深处。你本来渴望努力过一种体面的生活，但过多射精会汲取你“披荆斩棘”的能量，让你不能穿透自己沉闷的世界，并破除横亘在你面前的重重阻碍。

你的女人能够感受到这一切，能够让你射精会增加她的快乐，给她带来短暂的美妙感受。她甚至会说，如果你没有射，她会觉得不满足。如果你总是很快就射精了，她在内心深处还是会感到不满足。

大多数女性能够体验到层层递进的多重高潮。更为重要的一点是，她们的身体和心灵之间是自然相通的。如果你因射精而不再处于勃起状态，就不能在那美好的缠绵时刻勇猛有力地进入她的身体，你剥夺了她用心感受和接纳的机会。

然而，令她心神激荡的并不只是身体的进入，还有你出于爱而对她的完全付出和探求。你专注的存在和主动进入她的身体，是最让她迷恋的。

你要承认，如果你和大部分男人一样，完事后兴味索然地躺在床上，不想再取悦于怀中的女人，满足于压力释放之后的虚无状态，那么你的女人会觉得你欲望不强，会在潜意识中认为你对整个生活也是这样急匆匆地浅尝辄止。

女人有一种很微妙的心理，如果她让你产生高潮，她内心的一部分会感到幸福，因为她能够让你放松地享受快感，但是她内心的另一部分又会感到失望，因为你选择了自己享受短暂的欢愉，而不是深入下去，给她无尽的陶醉，让她在爱中完全释放。女人的欲望是深不见底的，条件反射式的射精永远不能让她满足，也无法让她知道性爱究竟有多美好。你的女人如果没有完全沉浸在爱当中，没有经历过销魂蚀骨的爱，没有尝到所有的欢愉，她就不可能彻底放开，释放全部的爱，让身体充满活力，散发出无尽的光彩和魅力。

有的女人，出于对她们曾一度受伤的心灵的保护和戒备心理，会更希望你射精。这样的话，她们就不必一直敞开自己，或者说向你展示她们的内在。她们知道，一阵爱抚之后也许会是半个小时的交合，然后你会射精，然后一切结束。她们不希望你一直坚持下去而打破她们的封闭习惯，她们宁可居于主导，控制你什么时刻射精。如果你的女人是这样，那么你应该用自己坚忍不拔的爱突破她内心的封闭状态。生活始终会考验你面对拒绝时发挥自己天分的能力。如果女人拒绝了你，生活也难免如此。

在内心深处，你的女人想要的只是爱，你也是如此。她的拒绝体现了她的害怕。也许她有童年创伤，这让她怯于感受。也许她在成年后受到过伤害，害怕如果自己打开心扉，会再次受到伤害。此刻，情感上所有的抗拒都集中体现在一件事上：拒绝去爱。

作为男人，你性方面的天分在于引导她、迎合她、打动她、爱抚她，让爱融化她的恐惧。你不要把自己的需求强加给她，而是要让自

己的爱直抵她的最深处。她已经准备接纳你的爱，她就是爱本身，你要让她表现出来。不要着急，慢慢来，不要通过言语，而是通过身体传达你的存在。通过关爱、意识和爱的融合显示你的存在。当她感到你真正地与她在一起、全心全意地爱她，而不是独享欢愉、迷失自己时，她就会全然接受你的爱，打开最柔软的内心，开始信任你。

但这样还不够。每当你享受自己的快感时，她会觉得你“离开”了，不再伴她左右，你不再值得信任。她可能喜欢自己能够让你射精这一点，但在更深处，也许在无法用语言描述的地方，她内心的一部分将不再信任你。她为什么要那样？为什么要展露自己最深、最柔软的部分，只是为了让你获得快感，然后你就抽身而退，而对她不再感兴趣？

每当她用口唇刺激你，让你无法控制地要释放时，你就败给了她。她控制你、主宰你。无论你在射精前进行了多少花样，她在性事中始终居于主导地位。只消舌尖的轻轻一动、一声充满磁性的呻吟或扭动柔软的腰肢，她就能吸取你的活力。同时她很清楚，生活也能对你做到同样的事情。她感觉到你向她屈服了，你败给了片刻的欢愉，你清醒掌控一切的能力降低了。在潜意识中，她知道你对她屈服，对生活也会同样屈服。

高级男人会降低射精的频率。他能够随心所欲地将其控制在性事之前或者过程当中，而不是到了最后一刻，身体的快感像过山车一样不可阻挡地直冲而下，直至发出兴奋的尖叫，释放所有的快感。高级男人会努力通过性来放大爱。他不愿将就，不愿半途而废，他要让女人与自己一同全心释放，实现纯粹的完美的结合。一旦双方充分释放了全部的性能量，这种全然沉浸在爱中的快乐会远远超越避免或延迟射精后产生的生理快感。而对一个深爱伴侣的男人来说，看到伴侣获得快感时，自己也是一种享受，尤其是她得到释放和满足后，身心放松，愉快地紧拥处于极度兴奋中的你，对你含情脉脉，对你所给予的爱感到满足而幸福。

女人会在情感上考验你，也会在性事中考验你。即使你在努力保持不射精，她也会积极地逗引你这样做。即便在考验你，她也一如既往地希望能够感受到你的完美、力量以及爱，这是她的快乐源泉。如果你能通过考验，让她感受到你认为完满的爱比射精带来的生理快感更加重要，那么她就能真正信任你了。

归根结底，如果你不能完全主动控制射精，那么你的女人会知道性事上占主导的是她，而不是你。一旦她知道自己是主宰，她就不会充分信任你，放松地接纳你的爱。她的心总会处于某种自我保护状态中，而不会在你的怀抱中完全放开自己，绽放纯粹的魅力和光彩。

如果你过于喜欢射精，那么你的女人在性方面、情感上和精神上都不会得到满足。此外，生活在方方面面也会对你感到不满意。如果你沉湎于不停地释放自己，你就不会有意识地感受到全部的内在自我，而你真正的天分也不会显现出来。

如果你增强了自己在性交中与对方完美交融的能力，那么你就增强了自己沉浸于生命本源的能力。你会具有更多更强的天分，目标明确、雄心勃勃，面对生活的挑战，依然充满发挥全部天分的斗志。高级男人是神秘的，当他们走出神秘时，他们充满了永不消减的爱和力量，他们永不停息地将自己的爱给予伴侣和世界。

用深呼吸抵达生命的深度

> 设想你身体前部自上而下有一条线，从头顶开始，沿舌、喉、心口、肚脐向下，直至外阴和会阴部位结束。大部分男人这条线的部位都会存在淤塞。如果想征服生活和女人，在身体方面有一个重要方法，就是时刻让身体前部保持一种饱满和开放的状态。实现这一点的最好方法是放松地深呼吸，让能量在身体前部向下传递，并且不要过于封闭自己。

当你紧张时，胃部会产生紧缩的感觉。当你难过时，喉咙里会像堵了什么东西。当你受到威胁时，会感到恶心欲吐。当你努力思考时，额头会出现皱纹。当你想到不确定的未来时，你下腭的肌肉会紧张起来。一天下来，你有太多次让自己的身体前部处于一种紧绷和收缩的状态，从头部到胸口、腹部，都是如此。

你身体的前部，尤其是腹部，是你自身的能量与外部能量交会的地方。当它处于打开和放松的状态时，你身体的能量能够自由流动，你会有更多的存在感。你在和别人相处一室时，也许会感觉有的人似乎比其他人占据了更多的空间。他们似乎善于吸引别人的注意力，即便他们并没有做什么会明显吸引别人注意的事情。他们的身体前部非常放松，自身的能量在空间内自由流动，他们身姿舒展，泰然自若，神情专注，自信而充满力量，从而强化了自己的存在感。

而一个胸部和腹部没有打开和放松的人，则总是弯腰驼背、缩成一团，自我封闭，别人几乎感觉不到他的存在。如果你的身体前部过于紧张，日复一日，年复一年，坐直了都是一件困难的事情。你的胸腹是紧绷的，你的能量局限于头部，你的注意力只在自己身上。在一个房间里时，你根本不能表现出自己的存在感，别人甚至很难注意到你的存在。

此刻留意一下自己的呼吸。你在吸气时是否足够深入，甚至能感受到下体膨胀了一点？你的腹部是否像一只有力的风箱，在随着你的呼吸而起伏？你的腹部及下腹部是与能量有关的部位。如果你的呼吸比较浅显，不能抵达这些部位，那么你就不能让自己充满能量，只会感觉虚弱和没有自信。你发挥不出自己的全部潜力，对于周围也不会造成多大影响。

现在，请你用鼻子深深吸气，同时感受你身体里的所有紧张部位。深深地吸气，让所吸之气直抵下腹部，然后呼气，让口腔、舌头、腭部呈现放松状态。下一次吸气时，让所吸之气直抵下腹部和上腹部，然后呼气。再一次吸气时，让所吸之气依次到达你的整个腹部、腹腔神经丛以及下胸部。用这样的方式呼吸几次，让呼吸抵达腹部、腹腔神经丛，最后是胸部，然后深深地、平缓地呼气。

一天当中，根据自己的时间情况练习这样呼吸。尤其注意身体非常紧张和封闭的部位。比如说，你的肚脐部位似乎处于紧张状态，那么吸气时让呼吸到达这里。你要让自己的气息确实到达肚脐部位，然后用你吸入的力量打开这个部位。你可以在吸气时将身体的前部整个打开，就像给气球充气一样。你以此对抗积累在体内的恐惧和焦虑，正是它们减弱了你的存在感和力量。无论什么时候，只要你感到身体的前部紧张了，就用你的呼吸去打开它。

内心情绪是造成压力的主要原因之一，紧张是压力的直接推动力，而最强烈的紧张往往是由你自身造成的。你身体前部紧张和不放松的主要原因是你过于关注自己。你把自己紧紧地蜷成一团，无法伸展开来，所以主要的解决办法是关注他人。一旦你意识到自己只关注自身的问题，你的能量困在体内、令你紧张时，你就要利用这能量为他人做些有意义的事情。这可以是很简单的事，比如洗干净水池里的盘子，也可以是难度很大的挑战，比如建功立业，惠及他人。把这郁结在你体内的能量转化为对他人的服务。你的紧张是被阻塞的能量，它困在你的体内没有显现出来，而你可以用能量让别人受益。

呼吸是能量的基本体现方式。因此，通过呼吸也是你为世界奉献的主要方式之一。你可以通过腹式呼吸来消除自己的压力和紧张，你同样可以通过你的呼吸帮助他人消除紧张和负面情绪。假设你和一个看上去有点紧张的人在一起。你可以设身处地去感受他的紧张，在吸气时仔细体验，就好像紧张的是你自己一样。用你吸气时产生的力量打开他身体紧张的部位，呼气时把你们俩的紧张全部消除。再吸气，用你的呼吸打开他身体里的结，再呼气，消除所有的紧张，只留下放松和爱。事实上，他可能根本没有察觉到你做了什么不寻常的举动。

你可以随时随地做这个练习，比如在工作中，或者和伴侣相处时，或在拥挤的公交车上。当你独自在家时，你可以假想所有的紧张情绪围绕着你，而你在吸气时摄入生命的力量，并用这力量打开自己。接下来呼气，在无尽的爱中释放紧张情绪，就像把一捧沙子撒入大海一样。通过练习这种呼吸，你把注意力从自身转移开来，让身体前部不再那么紧张、僵硬。与此同时，想象自己正在为别人服务，而别人也正在以他们自己的方式为你服务。

有的人可能会认为这种做法很奇怪，但你可以先尝试一下，再做结论，看它是不是像你现在认为的那样古怪可笑。尝试一下吧，然后看自己有什么变化。下次你和别人共处一室时，练习吸气并让呼吸抵达身体前部，呼气时打开所有的结，让自己的力量像神恩一般弥漫整个房间，感受所有的压力随着你的呼吸融入了爱之海洋。感受他人的紧张，用你吸气时的力量打开他们体内的结，让这些结随着你的呼气而消逝。用这样的方式让房间里充满你的爱之意识。

此刻也可以练习。你沿着身体前部深吸气，尽量让你的腹部鼓胀，打开腹腔神经丛和心脏所在的部位。让你的全部力量向外扩展。穿过房间，让随着你的呼吸产生的力量到达所有的人。在任何时刻，以此方法爱这个世界，让一切不安的感觉散开、消失。把世界当作一个一丝不挂、柔弱而又充满生命力的女人来感受，用你的身体前部进入它，让郁结的痛苦烟消云散。

当你兴致勃勃地拥抱着你的女人时，以同样的方式，用你的呼吸打开她的身心。用你的爱的力量充满她，把她的身体当作你的，沿着她的身体向下呼吸，让她的阴部、腹部和胸部充满爱的能量。然后呼气，让你们俩都沐浴在你浩瀚的爱的海洋里。这样连续吸气、呼气，始终让你的呼吸充斥她的全身，让她的紧张和封闭在你的爱的力量作用下消失得无影无踪，你们在这个过程中融为一体。

不要向下释放，
要让快感沿着脊椎向上传递

> 对大部分男人而言，射精是将精液和能量一起排出体外，同时压力得到释放。对于高级男人而言，高潮会沿着脊柱传递到大脑，然后像细雨一样洒遍全身，带来宛如新生的美好感觉。如果想让高潮带来充满活力而不是空虚的感觉，你要收缩生殖器附近的盆底肌，利用你的呼吸、感觉和意识，让能量沿着脊椎向上流动。

射精过早是什么？有的男人在进入女伴的阴道之前就会射精。有的人会在性交十分钟后射精。重点不是你什么时候射精，而是你们能够在做爱的过程中融为一体的程度。如果射精表明过程结束了，但你们还没有充分释放自己，这便属于早泄。

很多男人在青少年时期有手淫的习惯。一次次的手淫会让他们的身体和神经系统形成一个固定的程序：生殖器刺激、性幻想、紧张蓄积，以及射精。青少年的手淫基本上包含着很大的幻想成分，独自完成，没有爱的交流，甚至没有亲密的身体接触。久而久之，他们与女人性交时，也会重复在手淫中形成的习惯：性爱成为通往射精的途径，这个途径主要由自我的想象、自我封闭以及释放压力的渴望构成。

为了充分挖掘性爱的潜能，你必须重新调整自己的身体和神经系统。你必须突破自己的固定射精模式，将高潮转化为大量的能量，以此强化而不是结束做爱的过程。

第一步是改变青少年时期手淫带来的习惯。不要通过刺激自己的身体让自己产生性冲动，而是要放松自己。当你感到自己的脸部肌肉产生紧张时，放松下来。当你发现自己的呼吸变得浅而急促时，放松并深呼吸。当你感到腹部收紧、胸口僵硬时，放松腹部，并且让胸口部位变得柔软下来。

接下来要重新分布自己的注意力。在做爱的过程中，不要把重心放在自己的感官体验上，而要多关注对方的感受。不要只关注自己，以及自己体内游走的快感，而是要注意力向外，感受对方，一直到她的内心。你要更多地关注对方而不是自己，感受她的动作、她的呻吟，以及她体内的能量。

随着不断的练习，你将学会如何感受对方，将对方的身体当作通向一个广阔空间的门户，那里有无尽的能量、光明和觉悟。在爱的路途上没有什么能阻碍你，这种没有挂碍的感觉是真正的做爱的基础。让爱超越你自己，笼罩并且最终超越你的伴侣。但这需要通过练习才能做到，因为男人更倾向于关注自身的快感，尤其是在强烈的性刺激下。为了战胜这种倾向，你要反复练习让感受超越自我，去感受对方。

除了放松地爱和感受对方之外，你还要对自己的呼吸保持极度敏感，因为呼吸会带动能量在你以及对方的身体里流动。如果你的呼吸过浅，生命的力量就不会被带到身体各处，而往往会在你的大脑或下体堆积起来。如果是堆积在你的大脑中，你就会越来越多地对做爱的情景以及女人进行幻想。如果是堆积在你的下体，你就会想要通过性交或手淫的方式射精。

因此，如果你没有在白天进行深呼吸，你在和伴侣亲热时，脑子里就会充满性幻想，并有强烈的射精欲望。所以，避免过早射精在很大程度上取决于努力进行充分的深呼吸。你在吸气时，要有气息带着能量沿着身体前部向下走的感觉，让能量充满你的腹部和下体。你在呼气时，要感受到能量随之从盆底肌出发，沿着脊椎进入你的大脑。

通过反复进行这种沿身体向下——沿脊椎向上的深呼吸，你体内的能量就会自由地流动。你的大脑或下体不会因为这能量的聚集而被阻塞，或处于紧张状态。你射精的欲望也会降低。

做爱能够增强你身体的活力。在越来越强的刺激下，你的呼吸会变得急促，你的身体会因为能量的作用而兴奋地扭动。这能量主要集中在生殖器区域，如果你没有调整呼吸将之转移，它就会越积越多，产生让你想要通过射精释放压力的想法。

在做爱的过程中以及快要高潮时，你可以做一种特别的动作让高潮转移。于是你不必通过生殖器进行射精，而是沿着脊椎向上“释放”，同时体验强烈的身体快感以及情感的无限张开，这种感受远远超越射精高潮带来的稍纵即逝的快感以及能量消耗后的平息。

这个动作是有意识地收缩盆底肌。这一部位涉及生殖器、肛门和会阴，位于肛门和生殖器之间。这个收缩盆底肌的动作很像你要努力控制上厕所的冲动时所做的动作。

除了收缩盆底肌，你还要练习向上提升盆底肌，向身体上方、朝着脊椎的方向提升它。这个向上提升的动作会让你的阴囊向上提升一点。

做一遍这个动作：收缩并向上提升整个盆底肌部位，包括肛门、会阴和生殖器。你可以一组连续做 15 到 20 次，能坚持多久就坚持多久。像这样多做几组，一天做三到四次。

最后你很轻松就能收缩和提升盆底肌，并且坚持到你想要的时间。这表明你已经学会了必要的肌肉控制方法。现在你可以进行更为复杂的下一步骤：让能量沿脊椎向上传递。

起初，你可能仅仅是想象能量在体内流动。通过这个练习，你会更容易地感受到这种能量的流动。毕竟这就是你在强烈的性刺激下所感受到的那种能量，你能很轻松地在生殖器区域感受到它的积累，以及通过射精的释放，你能感受到它像是水在大坝后蓄积，正要狂注而下。实际上，这股能量是能够狂注而上的，并且它能带给你比射精的短暂爆发更加美好的高潮，以及更大的治愈力量和生命活力。

在做爱的过程中，如果你马上就要射精，就按照上面说的那样练习收缩你的盆底肌。随着你收缩和提升盆底肌，调整呼吸，就可以让能量沿着脊椎向上传递。如果你把向上收缩盆底肌和伴随呼气让能量上行相结合，你的勃起状态就会变弱一点点，你射精的欲望也会减少一点。在做爱的过程中，继续这一练习，你需要多少次就做多少次，直到你能保持放松和放开的状态。

即便你采取了这个技巧，有时也会感觉马上就要高潮了。如果是这样，立刻停止动作，向上收缩盆底肌，调整呼吸，让能够触发高潮的能量沿着你的脊椎向上传递。除此之外，有的男人发现握紧拳头、咬紧牙关以及眼睛向上看会有用，在射精冲动尤为强烈的时候会更有效。随着你的练习，所有的肌肉动作都会变得轻柔起来，最后你能主要通过呼吸、感受和意志力来达到目的。

当能量沿着你的脊椎向上游走时，放松下来，享受你充斥在头脑中，以及像微雨一样在你体内洒落的快感。当你运用娴熟之后，随着高潮在你体内的上涌，你能感染你的伴侣，让她感受到同样的愉悦。能量在你体内的向上流动会引发她同样的反应。

这些做法在无爱之性中不会发生作用。爱是能量的主导。在性的结合中，你必须逐步与爱融为一体。无论你一天过得多么辛苦，无论你在生活中面临着什么样的重负，性爱都应该是表达爱情的美妙时刻。它应该像沉思或冥想一样，成为你练习打开心扉、充分付出自己的爱的一种方式。你把爱传递给对方，你们实现了最为纯粹的结合。

如果你的心没有打开，你的能量将被阻塞，会永远无法将冲动转化为销魂的爱。如果你还没有掌握爱的技巧，你的性能量将被你身体和情感的旧习惯所主宰，无非是射精的小快感而已。所以，如果你想尽享性爱的美妙，你不能忘记，你的心之所向比技巧本身远为重要。

因为各人情况不同，你必须进行尝试，从而发现哪些手段作为爱的辅助技巧对你最有用。随着你的练习，你将能轻而易举地通过非射精实现高潮，它会像一束光沿着你的身体向上，让你的心充分打开，让你的能量充满生命力，让你的身体因为美好的感觉而起伏。你将能按照自己的需要尽情做爱，而性爱会给你带来活力，而不是消耗你的活力。

简而言之，你在尝试和确定最适合自己的技巧时，要记住以下几点：

1. 不要沉迷于任何性幻想，全心关注当下，感受自己的身体、呼吸和思绪，尤其要关注伴侣。把做爱视为与伴侣共同参与的行为，戒除手淫式的内在幻想。

2. 保持身体和呼吸的放松，让自己处于充满状态。尤其让身体前部放松，让胸腹部打开，肌肉不紧绷。这样有助于防止身体某一部位过度紧张。

3. 学会全方位、由外向内地关注伴侣，超越对自我感受的关注，甚至超越对伴侣感受的关注。练习向外扩展你的感受，你触及不到的边界，像是在感受无限。换而言之，无论你在感受什么，你都要充分地、由表及里地感受它，并且超越它。性带来的感受不再囿于某种具体的感受，它超越一切，成为恒常。

4. 在平时或做爱的过程中，练习呼吸技巧，吸气时让能量沿身体前部向下，呼气时让能量沿脊椎向上。如果你对射精过度关注或沉迷，通常表明能量在你体内发生了阻塞，以及你在平时缺乏上述呼吸练习。

5. 在做爱的过程中，通过呼吸让性能量沿脊椎上行，并不时练习向上收缩盆底肌，让能量充满全身。尤其当高潮将要来临时，同时进行上述两者，把高潮的快感带向大脑，而不是通过下体释放出去。你就会感到快感逐渐深入你身体的所有细胞，仿佛沐浴在一片明亮的光芒中。

如果你在做爱时心中并没有爱，以上技巧的效果就会打折扣。爱是聪颖的，它让能量以最健康的方式在体内传递。这些技巧主要是用于改变多年形成的不良习惯，尤其是在青少年时期手淫形成的习惯。在克服了条件反射式的射精和释放能量的习惯后，你将会用意志的力量引导高潮上行，穿过身体到达大脑，然后给予全身美妙的感受。它会令你恢复活力，像阳光一样洒遍你的全身，温暖你、抚慰你。

她自由了，你也自由

part

8

彻底感受你的伴侣和整个世界，
奉献你的天分，
直到生命的最后一刻。

既然你不像女人，
就别要求你的女人像男人

> 在亲密关系中，人们最容易犯的错误是希望对方像自己一样。
> 你要知道，男人和女人在亲密关系中的诉求是不一样的，也是不对等的。
> 亲密关系在男人的生活中永远不是最重要的，男人最看重的是实现使命、获得更多自由，以及清醒的觉悟。而女人最看重的是生命中爱的传递，如果一个男人用心爱她，即使用命来换，她也在所不惜。所以，若要一段感情对彼此均有助益，男人和女人必须互相理解、彼此支持。最重要的是，你要给她自由，只有她自由了，你才自由。

男人和女人生而不同。对女人而言，她的内心在感受到爱的流淌时最为满足。比如，虽然她在事业上遭受了挫折，但如果她被满满的爱包围——来自孩子的爱、朋友的爱还有你的爱——那么她的内心就是满足的。

女人用一生经营情感，但男人不是。对男人而言，如果他的事业或使命遭遇挫折，即使他有着来自伴侣和子女的爱，也不会觉得轻松适意。如果他的事业或使命没有回到正轨，他甚至都不想和伴侣保持过多亲密。

女人的内心需要爱的填充。对你的伴侣来说，亲密关系是她生活的核心，影响着她生活中的方方面面。而男人只有在生活围绕使命展开时，内心才会充实。对男人而言，亲密关系是你用来实现目标的后院。

如果你和伴侣的关系良好，那么她的生活就会充满爱的色彩，她无论是在工作中、在家里还是在床上都会感觉良好。如果你们的关系一般，当她感受不到你的爱，觉得你拒绝、伤害或抛弃了她时，她的天空就会布满阴霾。无论是在工作中、在家里还是在床上，这种缺少爱的痛苦都会渗入她的所有情绪中。

但你完全不是这样。如果感情出了问题，你就会想立刻走出家门去工作，因为对你而言，感情只是你生活的一部分，并不是全部。当你沉浸在自己的使命中时，你往往会将它置诸脑后。但对你的伴侣而言，亲密关系是她生活的核心内容，为她生活的方方面面定下基调。这就是感情中两性最主要的不对等体现。

然而不限于此。对大部分男人来说，他们的伴侣是可以替代的。这听上去很残酷，却是现实。如果你和大部分男人一样，你发自内心的想法就是这样的：如果你失去了现在的伴侣，你就会很难过，但是你最终还会再找别的女人。事实上，就算你正在过着二人世界的生活，你也很可能不止一次地有过到别处一亲芳泽的念头。因为男人最看重的是自己的使命，他的选择永远会倾向于能在这方面给他带来最大助益的女人。如果他认为另一个女人会给他带来更多活力和动力，就有可能渴望她成为自己的亲密伴侣。

然而，你在你伴侣的心却具有不可取代的地位。她一天到晚满脑子都是你，她能感觉到你的注意力所在。无论白天还是黑夜，她的心都与你的心千丝万缕地连在一起。在她的心目中，你是不可取代的。你也许会时常考虑移情别恋，但她轻易不会。如果说你的世界充满了各种选择，那么她的生活是围绕一种确定性展开的。你们之间的关系不仅是她生活的核心，而且也是她情绪的主要决定因素。

如果你的伴侣摒弃了她的女性特质，想要挖掘自身男性化的一面，她就不会再把你和你们之间的关系当作她的重点。她认为自己必须“过属于自己的生活”，并将更多的精力放在别的地方，比如说她自己的事业上。尽管男女都应该努力追求自身的完整和独立，然而如果你的伴侣想要降低你们的关系在她生活中的重要性，这是一种具有破坏性的举动。因为女人内心最渴望的是爱的流淌，这是无论她多么专注于事业或其他活动都无法改变的。

缺乏与伴侣之间充满爱的亲密关系会让女性受到伤害。无论是沉浸在事业、艺术还是友情中，都不能让她摆脱这种伤害。正如男人只有在实现目标之后才能真正感到快乐一样，女人只有保持对爱的渴望才能让她认同自己。许多女性力图摒弃固有的内心渴望，而像男性一样去追求事业和目标，不管她们在事业上如何成功，只要她们作为女人的需求没有得到满足，就会产生心灵的空虚和压抑，身体也会出现疾病。

同样地，你也不能打击对方的女性特质，比如对她说："你的生活里好像除了我俩的关系再没别的了！那样是没好处的，你应该有自己的生活、自己的目标、事业和朋友。别再抱怨我们感情中的问题了，你要有自己的生活！"

尽管乍看起来她应该自己过一种有意义和吸引力的生活，而不是只盯着你们之间的关系，但是就两性关系而言，你要明白对方的女性特质决定了她永远认为爱的流淌才是最重要的。这才是明智的想法，因为事实如此。这种爱的流淌可以直接指向神性，但更多的是发生在她和一个男人之间。

女人渴望亲密的爱，这是她生活的核心，正如渴望实现金钱、心理和精神上的自由是你的重中之重一样。回想一下，自己每天有多少时间献给了理想，又花了多少时间来满足伴侣对爱的渴望。如果你想让她认可并支持你对自由的追求，你就必须认同并支持她对爱的追求。她对爱的执着值得你去了解和思索。

如果你的女人能按照她内心真实的渴望而生活，你是能感受到的。她的力量让你鼓舞，她的魅力令你沉醉，她的智慧令你敬佩。爱在她的生命中流淌，你自己也会因她过着这样的生活而充满活力。然而，如果她选择无视内心的欲望，而把追求目标或实现使命等作为自己的核心需求，就会给你们双方带来折磨。她的光彩会黯淡，戒备心理会增加，你们都不会从这段关系中感受到轻松惬意。

同理，作为男人，你也不用为自己不能像伴侣一样"投入"感情而心生愧疚。你必须知道这是很自然的。如果你以男性特质为主，你的伴侣以女性特质为主，你就永远不会像她一样让你们之间的关系完全影响自己的感受。在这方面，你不用伪装自己。不要为了她而假装在乎，因为她能感觉到你的心思所在。你要遵循自己内心的渴望，并且心无旁骛地追求自己的最高目标。

如果你的最高目标之一是获得心灵或精神的自由，那么你要高度重视亲密关系。没有人比你的伴侣更了解你。她比训练营的教官更能指出你的种种弱点，比任何研讨会的老师更了解你的思路是否明晰。如果是做爱，她比风尘女子更能了解你和让你满足；她也会给予你很多的爱，多得你无法招架。与此同时，如果她懂得你们各自都有自己的渴望，她就会温柔地抚慰你，为你的生命提供无限的活力。

如果你们都认可两性关系中的不对等，你们就能各自着眼于自己的真实渴望，而不是按照臆想的情形彼此妥协。如果你能真正围绕自己的理想来安排生活，你的心中就会充满更多的爱，你将变得更加专注和真诚。你的伴侣将第一个感受到你的爱、专注和真诚。如果你们的亲密关系不是以这样的方式发展着，你就没有在为自己的理想而生活。

独立，
并不是让你的女人独自难过

> 独立是一个人心智成熟最重要的标志之一，但是，独立并不是让你的女人独自难过。在两性关系中，男人和女人各自有着不同的天分，理应承担不同的责任。
> 男人的天分在于引领方向，女人的天分在于提供能量。
> 当女人陷入情绪的旋涡时，男人应该挺身而出，发挥出自己的天分，给予她帮助。

步入成年之后，你不再需要他人照料你的生活起居。你能为自己负责了，并且尤其要为自己的幸福负责。没有人能代替你生活，你必须为自己的健康、成功和幸福而奋斗。

然而，产生为自己负责的意识仅仅是你走向成熟的第一步。对自己负责，最要紧的是对自己的天分负责，你应该充分发挥它。在逐渐成熟的过程中，你要摆脱对伴侣的依赖，追求自己的幸福，这一点非常重要；同样重要的是，仅仅做到单纯的独立自主是远远不够的。在获得个体独立之后，两性关系的下一阶段是给予对方自己的天分，或者说彼此相爱相助。

也许你注意到你的女人有时会情绪失控。她会连续不断地“发神经”，或者觉得沮丧、忧郁，仿佛被一团黑云所笼罩。这是因为女人一旦陷入了某种情绪，就很难摆脱它。出于男人的天性，你会想要关心和介入。问题的关键是，你不应该扮演治疗师的角色，你要唤醒她，打开她的心扉，让她感受到爱的力量。如果你用了五分钟以上的时间还不能让她放下防御，接纳你的爱，那么你很可能是说得太多而做得太少了，或者你忘记了自己的真正目的。

出于男人的天性，你要知道自己目前的所在，知道自己的目标，以及如何实现目标。如果你对这些一无所知，那你真该想想办法了。基本来说，你的目标在于对伴侣和这个世界付出，让你和你的女人活在生活之上，而不是屈服于生活和各种负面情绪之中。如果除了家务、工作、照料孩子、看电视、度假等，你的生活中别无他物，你日复一日地做着这些事情，就是在辜负生命赋予你的宝贵权利。你的伴侣会觉得你没有发挥自己的天分，欺骗了她。你对她的态度反映了你对生活的态度。相应地，你也不会从伴侣或生活那里得到你本应该得到的。

如果你的伴侣总是处于紧张状态，你要知道她需要怎样做才能放松下来。也许她需要做更多的运动，或者冥想、换一份工作、多跳跳舞，或者与闺蜜分享亲密时光。如果你的伴侣大部分时间里都感到不满足，你要知道她缺少和渴望什么。

她会经常无拘无束地与你享受性爱吗？她是否能完全释放自己，沉浸在纯粹的爱之中？你会投入整个身心，与她共同做这些美好的事吗？你是否在扮演“体贴男人”的角色，给她“空间”、任由她独自难过，而不是始终给予她你无畏的天分？如果她拒绝你的给予、你的智慧以及深情的爱，那么，你为什么还要和她在一起呢？

两性关系中，你的主要职责是引导她，让她逐渐走出自己的情绪，接纳无尽的爱。坚持这样做，引导她让生命中充满更多神圣的爱（不仅囿于两性关系），让她的生活充满分享、给予和欢乐。如果你不能给予伴侣这样的引导，你还能给她什么呢？她为什么还要与你在一起？你们的关系意义何在？

为了实现上述给予，你必须每天都要有意地采取行动。就像音乐家演奏自己的作品一般，你要每天练习感受自己的恐惧和天分，充分发挥自己的天分，既不逃避，躲在私密的角落里寻求安慰；也不逞强，脱离自己的本源。这本源是你内心最深处的真实，它应逐渐成为你生活中前行的动力。渐渐地，你的一切行动都要围绕你的本源而展开，你们之间的关系也是如此。

正如你能给予你的女人引导一样，当你在自己的想法、目标或者事业中迷失的时候，你的女人也能帮助你回归自己的身体，回归到此刻、到爱中，与自己的本源再度建立联系。通过她的抚摸、爱意和魅力，她会给你能量，令你的整个身体振奋起来，充满活力地去迎接未知的世界。不管你的女人是谁，只要你不乏男性特质，她就会散发出女性魅力，用她的女性能量让你回归到最佳状态。

如果没有一个女人承接你当下的爱，你就会把大量的时间花在工作上，或者盯着电脑屏幕，或者琢磨各种念头，或者寻求未来在金钱或精神自由方面的目标。与此同时，你与当下脱节，与你的身体以及伴侣都脱节了。

如果你关注当下，心无旁骛地保持着与自己的身体以及伴侣的联系，各种障碍都会在你无边的爱中消融。当你彻底地感受着对方以及自己的身体时，二者仿佛都成为透明，存在的本源以及最光亮的物质将在其中显现出来。在这个透明的展现过程中，你本能的反应就是奉献。除了全新给予自己的天分，你别无选择。

你的女人也许会不想接受你的天分，或者拒绝它。生活也许会用同样的方式来对待你。但你别无选择，无论如何，你都要发挥最大的能力去生活。尽量去爱。让内心深处的力量充满你的身体，保持挺拔。承担所有的职责，用尽全部的力量去爱你的女人，以及整个世界。彻底感受你的伴侣和整个世界，直到你冲破所有的拒绝和诱惑。

彻底感受你的伴侣和整个世界，奉献你的天分，直到生命的最后一刻。

把握生命的方向
是男人的头等大事

> 把握生命的方向，包括两性关系的方向，是男人最重要的事，不够成熟的男人也许会对自己的女人说：“要么忍，要么滚！”意志力不够坚强的男人经常会充当好好先生，模糊自己的目标，向自己的女人妥协。
>
> 而对高级男人来说，如果他和伴侣之间没有实现最完满的爱，他是不会罢休的。他不会谎话连篇、喋喋不休，而是会用自己率真的性情面对一切。他仿佛在向伴侣昭示：“要么全力以赴，要么一拍两散！”
>
> 女人需要这种男性的目标感和执着。但是，高级男人不会要求伴侣遵循他的人生方向，而是让她选择最有利于她本人的路径。

如果你不清楚自己生命中的方向，你就不能很好地为伴侣提供方向。所以，你首先要调整自己的生活，至少在当下，要向着自己的目标，充分发挥自己的潜力。如果你不是很确定是否正过着想要的生活，你的伴侣就会感觉到你缺乏明确的目标，从而不信任你提出的任何建议。

如果你在疲于应付工作和其他职责，日复一日，迷失了自我，就会忘记自己存在的意义。你的伴侣也会迷失于她的情绪变化中，忘记存在于自己内心的爱。你必须摆脱埋头苦干的麻木心态，也让伴侣走出悲伤、恐惧和愤怒，回归真实的自我。努力探求生命的奥秘，这是你的天分的源泉。通向这奥秘的一切障碍，无论是来自你还是你的伴侣，你都要立刻将之清除，这样你的天分才能显露出来。

从现象来看，因为你无法清除障碍或找到方向，所以你的伴侣只好担起这个责任。在两性关系中，双方的能量遵循守恒原理。如果你不能很好地把握方向，那么你的伴侣就会承担起寻找方向的责任。如果你游手好闲，或者勤奋工作却没有充分发挥自己的天分，就会因为缺乏明确的目标而遭到伴侣的厌恶。她将自己来承担男性的角色，剥去你的懒散，让你感受到紧迫性，回归真实的自我并充分发挥天分。

由于你具有男性特质，你会觉得她的男性化举动消减了你的魅力，伤害了你的自尊。由于你们都处在男性特质为主的状态，你们之间将产生冲突，就像两只公羊以角相抵一般。如果你因此转而倾向于女性特质，事情就会更糟糕，无论你在事业上如何叱咤风云，一旦在伴侣面前，你就会表现得唯唯诺诺。她表现得尖锐刚硬，你展现出不该有的宽容和随和，而你们都会因此产生反感。

从结果来看，如果你的伴侣长年累月对你很尖刻，这很可能表明你们没有按照最高的理想而生活，无论你在其他方面多么成功，都无济于事。你的日常职责以及伴侣情绪就像灌木杂草，如果你没有斫开它们，并发掘你们的生命所根植的肥沃土壤，你的伴侣就只好自己挥起利剑了。根据两性能量守恒的法则，若你没有发挥男性天分，你的伴侣就会尝试自己来实现。但是，因为你是具有男性特质的，所以对方的举动很可能引起你的不快，甚至厌恶。

你要完全负责戒除自己的懒散、不良癖好、缺乏目标感等恶习。你不能拖延，也不能拿别人当借口。努力采用一切可行的办法，比如，与朋友交流，采取治疗，进行冥想或祈祷，发掘自己的愿望，读经文，在大自然中散步，写日记或跟随老师学习。要记住，无论采取哪种方法，你的成功都取决于你是否决心发掘真实的自我，并围绕真实目标来生活。

如果你在进行冥想时意不在此，那么，无论你多么努力地冥想都无济于事。因为你其实更想做别的事情，如手淫、上网或看电视等，你不想戒除不良习惯，不想合理规划生活，不想奉献源自你的内心真实自我的天分。你的意志是否坚定、你是否能够持之以恒地努力，这决定了你寻求方向的最终结果，也决定了你具有多少能力来引导伴侣过更快乐的生活，并接纳你的爱。

男女都需要充电，
但需要不同的电源

> 女人充电的电源是分享，是放松，是在与闺蜜的聊天中，是在与同性的相互欣赏中，甚至是在唱歌跳舞中。
> 而男人充电的电源是挑战，是艰苦，是对痛苦的领悟和超然。
> 男女都需要充电，但千万不要弄错了电源。

过多地与伴侣黏在一起是不好的，因为这会给你们双方都带来不利影响。为了跟你合得来，她会极力模仿你男性化的思维和说话方式，违背女性的天性并放弃对快乐的追求，而你则会受到她女性化的方式和情绪的感染，只顾着亲吻她、拥抱她、宠溺地安抚她，卿卿我我，从而忽略了自己还有更重要的使命要去完成。简而言之，沉溺于亲密关系会让女神和勇士变成愚夫庸妇，互相感受不到对方强烈的吸引力。

对女人来说，为了焕发更多的女性魅力，她应该每天安排一定的时间让自己完全放松和快乐。跳舞也好，唱歌也好，大笑也好，她全然被快乐包围，她的身体和心灵得到了彻底的放松，不必紧绷自己而展现男性化的一面：目标明确、条理清晰、意志坚定、一切尽在掌握。与其他女人在一起，感受彼此的魅力，这会让她们快乐，散发出更大的魅力，这样的时刻能给她们带来很大的活力。如果你的伴侣不能经常享受这样的时刻，她的女性能量就会受到抑制，会让她变得缺乏活力和热情、性欲低下、忧郁、沮丧和郁郁寡欢等。

对于失去生活目标和奋斗方向的男人，或者不能很好地围绕理想而生活的男人来说，唱歌跳舞解决不了问题。要想拥有目标，你需要迎接生活的挑战，从而发挥最大的潜力。

有两种方法能够激发你的男性潜力，或者说给男人充电，那就是艰苦和挑战。

艰苦意味着消除生活中令你舒适、为你提供保护的事物，因为它们会让你丧失勇气和清醒。摒弃一切会磨钝你棱角的东西：不要上网玩游戏，不要沉溺于电视，不要吃糖、曲奇或甜点，不要贪图舒适。

如果你能坚持上述有助于你戒除惰性的做法，几个星期之后，你从前被日常生活掩盖的锋芒将显露出来。你会觉得不舒服，无法得到满足，而这些是你的生活隐含的本质。按照自己的本来面目生活，而不是逃避，这是一种挑战，它会让你充满活力。

痛苦是男人成长的最佳伴侣。只有对痛苦保持切身体会，你才能感受到它的真谛。如果你沉湎于工作、电视、性爱和网络游戏，你就不能充分感受自己的痛苦，领会不到它的真谛。你的生活中充满自己喜欢的事物，它们转移了你的注意力，让你感受不到痛苦所在。即便你确实尝到了痛苦最初的一点点滋味，比如说无聊，你也会立刻抓起电视遥控器来逃避它。

这样是不行的。与此相反，你要感受痛苦，承认它、接纳它、享受它，深入而彻底地感受它，直至它令你领悟恐惧的根源。你做的一切事情几乎都源于你对死亡的恐惧，然而死亡是不可避免的，人自出生起就在一步步走向死亡。花两个小时观看橄榄球超级杯比赛的精彩电视转播，你的注意力只能暂时被转移，但一切并没有改变。你的使命就是奉献。你要么选择奉献，要么选择抗拒，而后者意味着艰苦。

摒弃了生活中给你带来舒适和安全的种种事物之后，你将有机会在生命中获得更多的自由，超越恐惧，抵达生命更壮阔的层面，这里是你天分的源泉。高级男人在他的生命中，就是这样自觉奉献自己的爱。

除了艰苦以外，重获男性特质的另外一个途径是挑战。浅显层次的挑战包括爬山、攀岩、竞技体育、训练营等。这些针对身体的挑战有助于增强偏向男性特质的目标和方向感，无论对于男女都是有用的。

更深层次的挑战包括突破恐惧，展露自己的天分。比如，你害怕在公共场所讲话，你可以安排在三个月内每周进行一次这样的活动。如果你某一周没有做，接下来的那周就要做三次。再比如，你一直想写一部小说，但从来没完成，你可以告诉朋友，你要在接下来的一年里每周（或每月）写一章。如果你没有按计划完成周目标，你就欠朋友一百块。如果你的年度目标没有实现，你就给他们一万块钱好了。

关键是，如果你恐惧了，你一定要承担后果。如果你在爬山或进行竞技性体育比赛时无法动弹，其后果当然是显而易见的。在生活中，你同样也要有所担当，除非你愿意止步不前，满足于各种肤浅的快乐之中。

艰苦和挑战是男人重新安排自己生活的最强有力的途径。比如，要你独自走进树林深处，你只能带生存必需的物品。你不能上网聊天，也没有任何事情可做。不吃东西，也不睡觉，看自己能坚持多久。做一些事情，比如，重复地诵念某些内容或做某些动作来让自己保持专注，避免胡思乱想，或者被这环境逼疯。不要把自己封闭起来，保持等待。不要逃避痛苦，不要在恐惧面前止步不前。在你走出来的时刻，你就会明了自己的真正使命，它也是你特有的向世界奉献的方式。

这种自我隔绝和挑战是男性寻求自我目标的一种极端并且有效的形式，但是在日常生活中还有更常见的方式。每天给自己留一点时间，静静地、心无旁骛地独处十分钟，不要漫无目的地按电视遥控器或上网。体察自己关于痛苦的感受，直到你超越它，并领悟到生命的本质。

正如你的女人需要时常和她的闺蜜在一起一样，你也要定期和自己的好兄弟们共处。你们至少要每周聚一次，聊聊彼此。不是插科打诨，而要单刀直入。如果你觉得你的朋友在浪费生命，你要告诉他，因为你爱他。如果你的朋友对你提了类似的意见，你要乐于接受。

在这种“不胡扯、说真话”的聚会上，男性应该保持清醒的认识和不受干扰，同时每次最好能让参加者做一些不同的事情。这样的场合不是为了无所事事地打发时光，而是为了亲密共处并超越恐惧。你们可以一起在寒冷刺骨的水里游泳，或者在夜晚一起饮酒至微醺后吟唱生命的赞歌。在做这一切的时候，所有的人都要专心致志。无论你做什么，努力与朋友之间分享爱，不能甘于平庸，而要充分发挥天赋。

尽量为伴侣以及自己安排这样的充电时光。不要庸庸碌碌、停滞不前，要永远保持魅力和锋芒，发挥自己的天赋。

全身心爱你的女人，全身心爱这个世界

> 如同在强烈的高潮中释放自己一样，男人最强烈的欲望也应该得到完全释放。

在生命中的每一刻，尽全力去爱自己的女人和这个世界，让自己释放的力量将生命的每一刻都变得无比纯粹和温馨。

像对待恋人一样真诚接纳并热爱生命中的每一刻，让爱充盈于生命中的每时每刻，相信爱对生命的指引。

在生命的历程中，不断展露你的天分，全然忘却自我的存在。坚定地为自己的梦想而努力，不断挖掘自己的天赋，全力以赴地攀登跋涉，直到梦想开出绚丽的花朵，散发出沁人心脾的芳香，结出丰硕的果实。

恐惧是最终的借口，不要对抗恐惧，要战胜恐惧，杜绝一切借口，超越自身的局限，用自己的执着和坚持，到达心中至高无上的精神殿堂，实现生命的大爱。

尽管生活很平凡，但你在生活之中，要活在生活之上。